舞动地球
节拍之旅 Beat Trip
EXILE·USA 环球采风之旅（二）

[日]宇佐美吉启　池田伸　著

周洁　译

世界图书出版公司

北京·广州·上海·西安

就像冲浪爱好者踏上冲浪之旅，
追逐最完美的海浪那样，

我踏上了节拍之旅，寻访地球每个角落，
追逐最完美的节拍。

Let's Beat Trip!!

EARTH
TRIP
USAMI

太阳系的第三颗行星，地球。

广袤幽暗的宇宙中，独一无二的星球。这颗蓝绿斑斓的奇迹之星，处处充溢着节拍。

拍打海岸的白色浪花。

呼啸而过的疾风，喃喃低语的树叶。

大火熊熊燃烧，光影摇曳。

飞舞苍穹的鸟儿的婉转歌声，野兽的咆哮，虫儿们的大合唱。

这些都是 24 小时自转一周、365 日绕日一周的我们这颗星球生生不息的证据。

在这片土地上，人们生存着、生活着、欢笑着、相爱着、时而愤怒着、悲伤着、歌唱着、舞动着。

每个人，都在奏响着人生乐章的节拍。

节拍 = 心跳。

我们的心脏，无时无刻不在敲打节拍。

我们的星球，无处不充盈着各种节拍。

然后，人们把身体交给节拍主宰，踏出脚，甩起头，摇摆起身体。

舞蹈。

在这颗充满节拍的星球，

与节拍共生的人类，创造出了节奏。

随着这种节奏，解放身心，这种行为便是舞蹈。

语言、肤色、文化迥异的世界各国，有着各种各样的舞蹈。

有的国家，是电子的节拍。

有的国家，是大地的节拍。

"我要学会所有的舞蹈！"

一个男人说出了自己的梦想。

而后，这个男人继续着他的旅途。

舞动地球。

这是 USA 自己的节拍与若干大陆、岛屿不为人知的节拍合为一体的旅途。

舞动地球。

既然是舞蹈之旅,那么语言就都是多余之物。

需要的只是一颗虚怀若谷的心,飞身奔去拥抱初次邂逅的节拍。

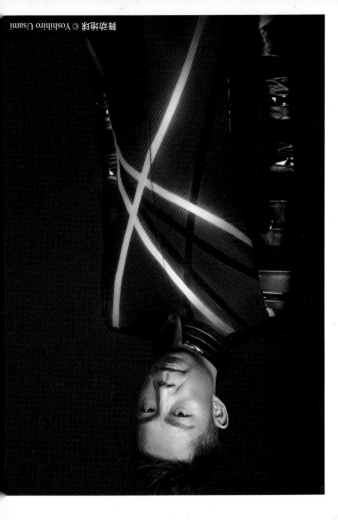

即使抓住了一个梦想，也会有更多梦想不断涌出。新的梦想是引擎。

想看一看，想听一听，想舞动一番。雀跃不已的好奇心是汽油。

因此，USA 面向未来，行走不息。

舞蹈，即是人生。人生，即是旅途。

舞动地球·节拍之旅。

USA 从心底热爱舞蹈，无论何时都舞个不停，不知不觉间，他已成为代表日本的舞者。USA 作为一个旅行者，走遍世界追寻节拍的轨迹就在这里。

CONTENTS
DANCE EARTH · BEAT TRIP

EARTH TRIP

KENYA TANZANIA

INDIA

BALI

DANCE

EARTH

BEAT TRIP

TRIP 1

SPAIN IBIZA

AUGUST 2009

TRIP 1 Spain Ibiza 西班牙伊维萨岛
August 2009

到世界最棒的派对之岛去

2009 年，夏。
34 场全国巡回演出结束。
短暂的暑假♪

"放假的话，你会怎么玩？"
去南国海岛享受悠闲假日……也挺不错的，
可对我而言，光这些是不够的。

因为在我心底，永远都"想跳舞"。

令人疯狂的清澈海水，让人心醉的夕阳美景，无与伦比的舞曲，
美味佳肴配上玉露琼浆，LOVE&PEACE……

填满我欲望的无底洞、
梦寐以求的天堂，就在这里！！

白天是绝世无双的慢生活，
夜晚是世界最棒的派对之岛。

这就是西班牙的伊维萨岛！！

仿佛
"童话国度"
一样的
"舞蹈国度"

巨型夜店、餐馆、海滩、酒吧、酒店大堂咖啡厅，
都会流淌着符合当时氛围的音乐。

想偷得浮生半日闲的，爱怎么悠哉就怎么悠哉；
想来个劲歌乱舞的，这里有可以载入
吉尼斯世界大全的超大夜店。

不仅如此，
这里娱乐设施应有尽有！！让你不禁感慨：
"这么多玩法，一个晚上够用吗？！"

从世界各地汇聚至此的夜店专属舞者
在舞池和舞台上尽显绝代风华。
DJ打碟表演与小提琴、萨克斯、鼓、吉他、
各种乐器交相辉映，
烟花加上 LED 机器人，
压轴好戏居然是巴祖卡火箭筒瞄准舞池，
喷射出多得无法想象的泡沫！！！！！！！！！！

我真觉得自己要醉了。

一瞬间，来自各国的各种人，全都染成雪白。

成年人都像孩子一样又跳又闹。

TRIP 1
Spain Ibiza 西班牙伊维萨岛 I
August 2009
text by Shin Ikeda

西班牙东部，巴利阿里群岛点缀在瓦伦西亚地中海海域，若干个岛屿组成了一个自治州。

最近的岛屿离西班牙本土有 85 公里，最远的有 333 公里。诸岛中最大的是马霍卡岛，它被称为"欧洲的夏威夷"。而它的邻居、第三大的伊维萨岛，则作为"派对之岛"闻名于世。

点缀在地中海上的伊维萨岛，最早扬名于世是在 20 世纪 60 年代。在美国登上历史舞台的嬉皮士运动，以燎原之势波及欧洲，欧洲的嬉皮士们开始自发地聚集到伊维萨岛，并在这里创造了"嬉皮士岛"的独特文化。

嬉皮士文化没过多久便落下了帷幕。20 世纪 80 年代后半期，来到伊维萨岛度假的英国 DJ 们开始了在夜店的表演。他们在芝加哥浩室 (Chicago House) 音乐的基础上，创造了超越音乐类型的伊维萨舞曲，并将之返销到英国。

1967 年嬉皮士运动达到顶峰。这一年被称为"Summer of Love（爱之夏）"。与此相对的，在享乐主义式的嬉皮士思想深深扎根的伊维萨岛，诞生了一种舞曲。它在英国被称为"Second Summer of Love（第二个爱之夏）"，在世界各地的夜店掀起了一大运动浪潮。

这一运动的舞台——伊维萨岛，在全球各地媒体中频频亮相，并演变成为"舞曲的圣地"。整个 20 世纪 90 年代，这里走在欧洲夜店文化和舞曲文化的前沿。来自世界各地的夜店男女追寻着最新的节拍，纷纷涌入这里。嬉皮士运动后，这里也曾有段时间陷入毒品问题的漩涡，但经当地政府一番严格查处之后，现在毒品的影子已日益淡薄，许多夜店里，每夜都有来自世界各地的 DJ 纵情表演，派对狂欢，好不热闹。

听说了这个"派对之岛"，USA 按捺不住内心的激动。他从成田出发，经由英国伦敦，一共花了 18 个小时，终于踏上了伊维萨岛。

虽然已是深夜 10 点左右，但 24 小时营业的机场却仍然生气勃勃。夜店活动的特大海报比比皆是，机场大厅里居然就有夜店的售票处。哎呀哎呀，从机场就开始有派对气氛了。

夜店大都是从深夜零点开始营业，大概从凌晨 3 点起开始纵情狂欢。出了机场，架起相机后，女性们都欢天喜地地凑了过来，所有人大喊"噢啦！"一起对着镜头绽放笑颜。噢啦 =HOLA，在西班牙语里是很随意的

寒暄用语。朝气蓬勃的拉丁派对之岛，也是一座"不夜岛"！

不过，果然还是旅途劳顿。当天入住酒店后，美美地酣睡了一宿，第二天早上起来，精神饱满。也为了顺便收集些人气夜店的派对消息，USA开始了伊维萨小城的探险之旅。

USA在日本研究过的"想去的夜店"有三个。分别是现在人气最旺的Amnesia、被载入吉尼斯世界大全的全球最大夜店Privilege、引领伊维萨舞蹈界发展至今的老牌夜店Pacha。然后还有Space、El Divino、Eden、Es Paradis，这7个夜店被称为"伊维萨七大夜店"。

在投身火热派对，狂放起舞之前，还是先来介绍一下伊维萨这座小岛吧。

伊维萨是座东西约25公里、南北约45公里的小岛。从公元前7世纪前后起，腓尼基人和迦太基人在这里开拓了地中海贸易据点。公元2世纪中叶，罗马帝国统治了这座小岛。其后，从902年至1234年，在伊斯兰教徒的统治下，这里曾极尽繁荣。1235年，当时统治西西里岛的阿拉贡家族接管了这里。此后，阿拉贡王国并入西班牙，这座岛便成为西班牙的领岛，直到现在。

岛上零星点缀着古代到中世纪的独特历史遗迹，这些也是伊维萨的魅力所在。靠海洋贸易而创建起独特文明的腓尼基人，在这里留下了3000多个地下墓地。分布在岛上的瞭望塔、城墙和炮台，是为了保护小岛不受专抢富裕海岛的海盗和阿拉伯人的袭击而修建。极富西班牙黄金时代特色的中世纪城堡和石灰建筑的白墙房屋鳞次栉比。

还有美丽的海洋。小岛周边丛生着名叫"波喜荡草"的原生海草和美丽的珊瑚礁。这些都孕育出了丰富的生态系统。1999年，多姿多彩的自然环境和历史，让伊维萨跻身联合国教科文组织世界文化与自然双重遗产之列。

犹如穿越时空一般的感觉，加上美轮美奂的景观，让人瞠目结舌的蔚蓝色海洋。把明媚阳光下晒得微微出汗的身体，交给清爽的海风去抚慰。然后，下午3点之后，夕阳余晖开始渲染大地，岛上所有的人都沉浸在一片浪漫的空气之中。USA便漫步在这如梦似幻的伊维萨城中。

　"这里简直就是天堂。一直以来，我心里觉得最棒的岛是夏威夷岛，不过，伊维萨岛远在夏威夷之上呀。"

　躺在沙滩上放松身心，走进餐厅对着地中海料理大快朵颐一番。再到酒吧里，望着那令人心醉的火烧云美景小憩一杯。

　"在这里，即使不去夜店，也能尽享舌尖上的乐趣。比我超喜欢的牙买加还棒呀。"

　度过了整整两天的悠闲时光，因忙碌的东京生活而不知不觉间积累的压力，全都消失得无影无踪。就在此时，耳边传来了沙滩餐厅服务员的轻言细语。是个令人兴奋的情报："伊维萨现在最火爆的是沙滩派对。"

　据说其中 Playa、迪恩（音）、魄撒（音）、Ushuaia 海滩、希拉文及（音）最为热闹。

　伊维萨岛上，与夜店齐名的还有 Chill Out 音乐。极富伊维萨独特自然与开放感的慢拍音乐，被称为"Balearic Chillout"。沙滩上有许多能让人享受悠闲时光的休闲室（Chill Out Lounge），其中包括全球最负盛名的夕阳酒吧"Cafe Del Mar"。乌修艾亚也是其中之一。

　心动不如行动，赶紧冲去参加沙滩派对。这里比想象的还要火爆！

　首先映入眼帘的，是一个巨大的石佛头像，木质的舞池地板上，摆放着巨大的沙发和床，甚至还有巨大的按摩浴缸。开阔舒畅的酒吧前，就是美丽的沙滩。头顶上烈日当空，沙滩上人们纵情狂舞。

　"真是棒极了。超群的位置，佳肴和美酒，音响系统也是一级棒。在舞池狂放起舞，跳得浑身大汗，然后直接冲向海滩！白天的伊维萨也棒极了，想要的东西全都在这里，简直是应有尽有！"

　当如梦似幻的火烧云在天际弥漫开时，伊维萨屈指可数的著名 DJ 卢其阿诺（音）开始打碟，派对进入了最高潮。USA 单手拿着饮料，踏着轻快的步子，在舞池里自由穿行，引来众人的目光。"他是专业舞者吗？""他是哪儿来的？"大家发出了惊叹和疑问。昨日那个餐厅的美丽的女服务员，站在街头闲聊过的年轻人。这些似曾相识的脸庞向他热情地打招呼："Ciao！""Enjoy？"

　舞池内热情似火，人头跃动，派对之岛的派对生活拉开了帷幕。

这座岛让人流连忘返，
如果真有魔法的话，
那就让我中了这魔法吧。

把自己挂在一弯新月上，
俯视脚下的地球。

忙碌的人、悠闲的人、愤怒的人、欢笑的人、有钱的人、
没钱的人、哭泣的人、欣喜的人、烦恼的人……

大千世界，芸芸众生，
在我眼里，他们都在跳着舞。

既然这样，

不如享受 happy dance♪
不如享受 happy life♪

偶尔

可以试着放松全身，

试着

融入这片自然。

风的足迹

把疲惫的心
交给风去洗净。

去邂逅
风的足迹♪

空无杂念的心，
风笑着拂过。

去邂逅
风的足迹♪

前方一定是康庄大道♪
所有担心都没有必要♪

心灵在跳舞？

TRIP 1
Spain Ibiza 西班牙伊维萨岛 II
August 2009
text by Shin Ikeda

旅途的后半段全是派对狂欢。大半夜，开着租来的汽车冲向街头。在令人无法相信的黑暗街道疾驰 15 分钟后，突然眼前冒出了一个地中海样式的巨型建筑物。那便是 Amnesia。

巨大的舞池分为两部分。今晚的派对是在主舞池"Espuma"（foam party＝泡泡浴派对），第二舞池同时开另一个派对，同性恋派对"LA TROYA"。穿过大门后，舞池内人山人海，火爆沸腾。然后，还会有惊喜等待着你。

第一个震撼便是 LA TROYA。这个舞池的装潢豪华奢侈。舞池内到处都是舞台。台上衣着火爆热辣、肌肉发达的男女大跳艳舞，性感撩人。钢管舞、绳舞（Rope Dance）……场内男女荷尔蒙交杂，弥漫着情色的味道。USA 被这气场所惊倒，也跟着热血沸腾起来。

转战主舞池 Espuma。那里简直是娱乐天堂。与 DJ 台相连的二楼高台上，无论长相、舞技，还是服务意识都无可挑剔的性感美女在纵情热舞；小提琴和小号配合着 DJ 的打碟表演，现场音效震耳欲聋；机器人闪耀着 LED 灯光和镭射光，配合着音乐的节拍，喷射出烟雾。娱乐效果堪比迪士尼乐园！这是第二个震撼！

然后到了凌晨 5 点，大量的香槟从二层泼洒下来，主持人宣告泡泡浴派对的高潮即将来到。美女军团在 Queen 的《We will rock you》的歌声中，身着泳装出现在舞池。当她们完成一曲劲歌辣舞的表演后，巨量的泡泡从二层喷射到舞池中！

这些泡泡可没那么浪漫，它们不是和风细雨似地缓缓落下的。而是像海啸巨浪一般席卷而来，那股气势绝对超出你的想象。舞池顷刻间就变成了泡泡的海洋。"哇！太炫了，我忍不住了！"USA 原本还是在二层大笑着俯视着芸芸众生。这下他完全按捺不住，不顾一切冲下了楼梯。进入舞池后，他便被包围在了高过肩膀的泡泡海洋之中。不知道有没有人会被淹没在这狂欢海洋中了。总之，这是今天最大的惊喜！

只要对上视线，不管男女老少，都能愉快交谈，USA 在这个让他心潮澎湃的夜店纵情舞蹈。最后天花板淋浴洒下，这场跨越国界的狂乱派对，也随着泡泡被水冲洗干净而结束。像被扔进一个巨大的洗衣机里一样。人们以这样的心情擦洗着自己的身体。

　　"太震撼了！虽然早就听说过，但还从没想过有这么震撼。我是真心沉醉了。有花了几十万日元坐 VIP 席位的大富翁，也有穷得响叮当的学生。这里真是什么国家的什么人都有。但是当泡泡从天而降时，那一瞬间，所有人都变回了小孩子。这就是这座派对之岛最震撼人心的地方了吧。"

　　第二天，我们去了 Privilege。这个被收录进了吉尼斯世界大全的全球最大夜店，原本是个植物园，是 20 世纪 70 年代改装后开始营业的。镭射光从开放的圆形露台射向夜空。这里真的很大！主舞池相当宽阔，据说最多可以容纳 15000 人。USA 说："虽然这里人超多，但也超宽敞，所以很跳得开。"即使在这世界最大的夜店中，USA 的舞姿也是极尽华丽的。华丽的舞姿与金色的休闲鞋，无不引人注目。USA 每每移动时，周围都会围上一圈观舞者。他踏着四分之四拍的鼓点节奏，性感地扭动着腰身，摆动着全身，跳着波浪舞，踩着太空步，滑过舞池。跳累了，就来到休闲室里，听着舒缓的 Chill Out 音乐，放松身心，然后再投身舞池，贪婪地跳个不停。在这巨大的空间内，所有人仿佛都因舞蹈而融为一体。而这座"不夜岛"的夜也更深了。

　　接着，最后一天是代表伊维萨文化的老牌夜店 Pacha。Pacha 于 1967年开业。当时伊维萨岛还是嬉皮士之岛。40 多年来，它通过欧洲向全世界散播伊维萨的音乐文化，一直引领这座岛屿不断发展。鲍勃·马利（Bob Marley）、格蕾丝·琼斯（Grace Jones）、乔治男孩（Boy George）……到访过这里的名人数不胜数。Pacha 现在在世界各国拥有 20 多家分店，开始了各种各样的业务，街头巷尾到处能看到的标志——红樱桃，更是该夜店举世闻名的象征。

　　主舞池和第二舞池以及休闲室，整个夜店融入了各种空间要素，有种像是在窥视一所巨型豪宅的感觉。不同舞池的不同音乐和氛围，让人心情舒畅。USA 一口喝干了一杯朗姆酒后，跳入夜店男女人头攒动的狂放漩涡之中。

　　比谁都更合拍，比谁都更敏捷，比谁都更性感。USA 仿佛跟着音乐节拍合二为一，自由自在，随意摇摆。舞池中不需要语言。只要跟着相同的节奏，踏着同样的节拍，就可以超越国籍、语言、宗教、文化，单纯地尽情开怀。派对之岛，伊维萨是一座充满了爱、和平、欢乐的岛屿。

伊维萨的夜店，从 5 月下旬开始首场开业派对，旺季 8 月达到最高潮。9 月中旬举办停业派对，进入 10 月后，各种活动基本就都停止了。算是真正的"仲夏夜之梦"。这里没有工作日，也没有周末，热辣火爆的派对连夜上演，狂欢不停。

日上三竿的时候睁开眼，到海滩边上发发呆，去咖啡厅享受美食。然后转移到 Chill Out 酒吧。随着悠闲时光的不断流逝，傍晚的火烧云爬上天际。慵懒地眺望天边的夕阳美景，浅斟慢酌，小酒微醺。一直到深夜 2 点左右，夜店生活再次拉开帷幕。满身大汗地回到酒店，在阳台上晾好衣服，然后钻进被窝。这便是伊维萨的生活方式。

而且这座小岛也是一座出类拔萃的度假胜地。

天空和大海的蓝色是那么通透。纯白的城市建筑。时间仿佛停止了流淌的田园风景。号称世界第一的夕阳美景。还有清爽的地中海海风，温柔地抚摸着你的肌肤。对于足迹遍布海角天涯的 USA 而言，伊维萨是"世界第一舒服的海岛"。

"虽然早有耳闻，也从网上和书上了解了一些情况，但是这里舒服得远远超出了我的想象。说句心里话，这里超过了我最爱的夏威夷了。吃的也很美味，无论是街头，还是沙滩上，到处都能听到派对的消息。夜店都是 12 点以后才开始，而真正 high 起来，是从凌晨 2 点或 3 点开始。所以肯定每天都会睡懒觉，也必然会过得很悠然。每天都在放松与放纵中度过。当地的年轻人、老爷爷和老奶奶，还有游客们，都在享受着夏日的美好，享受着当下这一瞬间，享受着生活的乐趣。这里真是太棒了。"

有些国家的法律规定过了半夜零点，就不能在夜店纵情狂舞了。对于来自这些国家的游客而言，伊维萨简直就是永远的乐园——"伊甸园"。在这舞动的星球上，一定还有更多的乐园等待着 USA 去探访，去体验。

致统治者们

你们这些家伙设计的游戏，
爷我早就腻味了。

这个地球
可不是围绕着你们的意志在转。

一个人只有一次人生。
就算用尽一切手段，
谅你也做不到长生不老。

休想控制爷！！
爷的舞可不是为你跳的！！

免费附赠（竖中指）

与其用炸弹将一切都破坏掉，

还不如随着狂放音乐扭动腰身来得更爽。

来吧！纵情狂舞吧！

全世界

可爱的

二货们！

地球就是
我们的舞池！！

DANCE
EARTH
BEAT TRIP

TRIP 2
TANZANIA
JANUARY 2010

TRIP 2 Tanzania 坦桑尼亚
January 2010
到人类最初的舞台去

2

It began in AFRICA.

分明是第一次来到这里，

为何却又

如此的熟悉?

为何却又

如此的温柔?

Jambo♪

Manbo♪

天气预报♪♪

打招呼也很好玩的国度，
自然热情也随之高涨。

TRIP 2
Tanzania 坦桑尼亚 I
January 2010
text by Shin Ikeda

　　12 座的螺旋桨飞机，从坦桑尼亚的阿鲁沙（Arusha）机场起飞。不到一小时，就到达了最终目的地恩多兹（音）机场上空。

　　从窄小的机窗往下看，可以看到一望无际的平坦大地——热带草原。当飞机朝着这片草原缓缓降低高度时，USA 呆呆地望着这壮丽的景致，不由自主地发出了"啊！"的一声。

　　草原上有一大群野生动物，仿佛要把绿色的大地染成黑色一样。USA 大叫道："是角马！"

　　这种动物也叫"牛羚"。它的长相一如其名，长得像是牛和羚羊的结合体。牛羚有着漆黑色的身体和一对角，体重大约 150~270 公斤，是哺乳纲偶蹄目牛科的草食动物。牛羚为了食物，逐水草而居，因其大规模的迁徙而闻名。据说一个牛羚群里，可以有多达数万到数十万头的牛羚。

　　随着飞机高度的不断降低，下面的黑色地毯熙熙攘攘，牛头攒动。牛羚以滑翔跑道为界，分成了左右两群。飞机朝着一条绿线缓缓下降。USA 将脸紧紧贴在窗口，感触良深地嘟哝道："太强悍了，非洲。"

　　随着一阵轻微的震动，飞机安全着陆了。这个飞机场，只是空有个飞机场的名头，其实就是一片荒原而已。USA 从仅有几个台阶的飞机舷梯上走下来，然后终于踏上了东非大地。

　　从羽田机场出发，经由关西国际机场，到达迪拜。再从迪拜出发，飞往坦桑尼亚前首都达累斯萨拉姆（Dar es Salaam），然后飞往阿鲁沙、恩多兹。总飞行时间为 19 小时。从东京出发后 29 小时才到达目的地。换乘 4 次，坐了 5 架飞机，千里迢迢，终于到达这个位于非洲大陆东海岸的国家——坦桑尼亚。这里有广阔的自然保护区，是动物繁多的野生王国。而且，这里也是马赛族（Maasai）生息的土地。

　　放眼看去，是一望无际的绿色草原，抬头仰望，是一片广袤的蔚蓝色天空。草原和天空的交界处，是一条笔直的地平线。没错，这里就是大陆。对于岛国出生、岛国成长的 USA 而言，不对，是对于所有的日本人而言，这片光景足以震撼所有人的内心。

　　恩多兹机场正好处于恩戈罗恩戈罗（Ngorongoro）自然保护区的中央地带。迎接我们的坦桑尼亚导游凑了过来，跟我们打了个招呼

　"Jambo！"

　Jambo 在斯瓦希里语中，是"你好"的意思。导游开的是丰田的陆地巡洋舰。这辆越野车车顶可以上下开合，站在车内就能远眺外面的景色。我们把大包小包的行李塞进后备箱，朝着奥杜威峡谷（Olduvai Gorge）进发。

　庞大的牛羚群阻断了道路。疾驰而来的汽车惊扰得它们左右散开。用眼角余光看着热闹，并悠然地吃着草的斑马。长得像小鹿的牛科动物高角羚。性感地扭动腰身，走起路来憨态可掬的鸵鸟。完全就像来到了野生动物园一样的感觉。不过这里跟人工的动物园不同。在这里，无论你往哪里走，都没有围栏的拘束。这里完全就是野生动物的王国！

　据说，非洲大陆是人类的发祥地。

　在这片大陆上，奥杜威峡谷更是 1959 年人类学家路易斯·利基（Louis Leakey）和玛莉·利基（Mary Leakey）夫妇发现完整南方古猿头骨化石的地方。人们在可以鸟瞰整个山谷的丘陵上，建造了奥杜威博物馆。这里陈列着南方古猿和猿人的头盖骨化石，以及据推断为 360 万年以前的足迹。化石中的足迹是三个人的。也许这就是某个三口之家在 360 万年前走过的痕迹。

　在清风的吹拂下，鸟瞰峡谷。我们从这里看到的美景，想必跟这猿人一家走过的 360 万年前的大地相比，不会有太大变化吧。

　"我父亲的爷爷的爷爷，然后是他的爷爷的爷爷……要是这么往久远的过去追溯的话，说不定还能跟曾经在这里生活过的南方古猿攀上亲戚呢。"

　USA 真实地感受到了人类历史是多么的悠久。

大约 400 万年前，人类祖先南方古猿
诞生于东非——有这么个说法。

古人类从这里出发，跨越 400 万年的时光，
离开非洲，穿越西伯利亚、阿拉斯加，
千里迢迢，跋山涉水来到了南美的巴塔哥尼亚。

伟大的旅程！

没有道路可循，开拓未知世界，
因从未见过的自然美景而感动，
开始学会唱歌、舞蹈、祈祷，
5 万公里河山，旅途漫漫，
一路走来。

虽然有些不甘，
也许只要其他行星
没有人类诞生，
就不会再有这么
伟大的冒险故事吧。

我爷爷的爷爷
然后他的爷爷的爷爷……
这么追溯回去的话，
也会追寻到我们的祖先吧？

人类是一种永远在旅途中的生物。
人类的旅途就是从这里启程的。

"我回来了！"

我在奥杜威峡谷告诉学者伊卡由（音）先生：
"我使用着舞蹈这个全球共通的语言，行走在我的旅途，然后去了解这个地球。"
他听了这话后，也产生了共鸣：
"人类开始使用语言交流的历史，从整个漫长人类历史来看，其实是没多久前的事情哦。
说起来，使用身体进行交流的历史要长得多得多。"

据说，舞蹈的起源甚至可以
追溯到人类开始学会直立行走的时候。

我不由地感到这里隐藏着一个启示，那就是
将世界与舞蹈相连的"ONE 法则"。

然后，我的新心灵之旅
便从这里起航。

TRIP 2
Tanzania 坦桑尼亚 II
January 2010
text by Shin Ikeda

　　"恩戈罗恩戈罗"在马赛语里的意思是"巨大的坑"。恐龙生存的中生代后期，火山活动在这里形成了一个被东西19公里、南北16公里的外圈包围着的巨大环形山。这里是许许多多大型野生动物栖息的自然保护区。

　　我们住的地方，是建在大草原的正中央恩戈罗恩戈罗野外生活小屋（Ngorongoro Wildlife Lodge）。第二天一大早，我们便开着车去观赏野生动物，开始了斯瓦希里语中表示"旅途"之意的"撒法利（音）"之旅。

　　看，是疣猪。那里有非洲水牛哦。有格兰羚，还有汤普森瞪羚。有胡狼，还有鬣狗。背上停着好几只五颜六色小鸟的非洲水牛。导游一面用无线电与同伴保持联系，一面驱车前行。每当发现野生动物，他都会停下汽车。灌木丛中，几棵矮树的树荫下，狮子们正在慵懒地打着盹。一头长着浓密鬣毛的雄狮和几头母狮。好、好大呀！威风凛凛。这就是百兽之王的气场。不过它时不时翻个身，露出大肚皮，那样子实在是可爱死了。分明就是体型硕大的萌猫一只。导游告诉我们："狮子除了狩猎之外，一天到晚就知道睡大觉。"百兽之王其实就是个懒骨头。

　　"大象、狮子、犀牛、豹子、非洲水牛。这五种动物可以说是五大金刚了。如果都能看到的话，就很幸运了。来吧，咱们加油找去。"导游一边说着，一边驾驶着越野车在草原上肆意奔驰。

　　积水的沼泽里挤满了河马。巨大的鳄鱼从岸边悄无声息地潜入水中。大象母子相互依偎，漫步走过。还有黑犀牛，据说它们数量稀少，是珍稀动物。"快看！是金钱豹！"我们顺着导游手指的方向看过去，那是一具点缀着黑色斑点的、优雅的黄色躯体。一头金钱豹。

　　打开午餐包，里面有面包、炸鸡、香蕉还有巧克力。我们在车内填饱了肚子。新奇的撒法利之旅从早上持续到傍晚。我们在泥土路上来回奔驰，身体虽然疲惫至极，但心里却兴奋不已。这一天令人振奋的野生王国撒法利之旅，在不知不觉间结束了。而且我们也有幸看全了"五大金刚"，心满意足地朝着小屋，踏上归途。

　　房间里既没有电视，也没有时钟，更没有电脑。从房间的窗户往外看去，是非洲大陆的夕阳美景。太阳缓缓潜入地平线之下，只有它在告诉我们时间的流逝。西面的天空被染成了一片粉红。我们生活的这颗星球是多么的伟大，多么的美丽，又是多么的多彩多姿呀。

　　茫茫大草原，正中央出现了一个人的身影。

　　这个修长身影裹着五颜六色的布匹，挺直的脊梁，茫茫草原上，唯独他一人，像横贯大地一样行走着。他手里拿着一根长长的棍子，好像手杖一样。

　　他到底从何处而来，又往何处而去呢？在这连一条道路都没有的广袤大地的正中央，他的身姿是那么孤独，那么优雅，也那么欢快。

　　他们便是马赛人。

　　他们是一个在大约 400 年前从尼罗河沿岸迁徙到这个地区的部族。在尽情享受了撒法利之旅后，第二天，我们便朝着他们的村子进发了。

　　USA 下车后，忽然听到了女人高亢的歌声。顺着歌声传来的方向看过去，一群身着传统服装的女人在围着圈唱歌。男人们像在追逐着女人们的歌声似的，"唔、唔""哦、哦"地发出有节奏的低吼声。裹着色彩艳丽的布衣，带着串珠制成的装饰物，手拿长棍。这些男人们用力踩踏着大地，排成两列纵队，开始行进。

　　"呜哇！干吗呢这是？太酷了！"

　　惊奇和畏惧，让 USA 不由地后退了几步。就算是在了解情况之后才到的这里，USA 还是吓了一跳。说句实话，要是没有一点背景知识的人，眼前忽然出现了这幅光景，估计任谁都想撒腿就逃吧。

　　当听说这是欢迎远方来客的舞蹈时，USA 终于恢复了平静。他脸上浮现出了灿烂的笑容，并随着这不可思议的节奏，开始舞动起身体来。终于，他忽然按捺不住，冲进了男人们的队列。

　　用力踩踏非洲的大地，强劲有力的脚步。USA 一边开怀大笑，一边依样画葫芦地模仿着这种脚步，跟着队列一起行进。他们的队列行进了一会儿后，便往栅栏里面走去。

　　树立着的栅栏围成了一个直径约 50 米的环形地域。这里就是被称为"波

马（音）"的马赛族村落。

村子中心地带有个圆形广场，人们围着这个广场建造了一些小房子。在这个广场上，下一个舞蹈即将开始。

十几个男人围成一个圈，踩着奇妙的拍子。中间走出了一个人，高高地向上跳起。

弹跳力相当惊人！他用的是所谓的垂直跳跃，笔直的腾空姿势，就像一根棍子一样。看起来，仿佛一瞬间停在了跳跃的最高点上一般。第三次跳跃落地时，他重重地踩踏着地面，让大地发出吼声，然后就像是要威吓站在他正对面的USA一样，向前迈出了几步，然后忽然一转身，回到了圆形队列当中。其他男人收到了他的信号后，一个接一个地玩起了垂直跳跃。

整个场面魄力逼人！可没有一个人脸上露出拼命一跳的表情，反而有人浮现出了微微的笑容。这大概就是马赛人的作风吧。USA 也加入到他们围成的圈中，不停地跳啊跳跳，跳啊跳跳！

USA 拼尽了全力去跳跃，也达不到他们的高度。不过即便如此，他和马赛人一起欢笑，相互拍打着肩膀。他与马赛人不懂彼此的语言，但这一瞬间，他们的心灵是相通的。

这里并没有乐器。马赛人的舞蹈只有声音和肉体。仅此而已。他们发出的声音与其说是歌曲或旋律，还不如说就是"节奏"本身。他们配合着这不断循环的、独特的抑扬顿挫声，只是踩踏着大地，不停地跳跃。这一瞬间，日本顶尖舞者 USA 碰触到了被称为"舞蹈"这一行为的最原始形态。

这颗星球上，无论哪个国度的哪个地方，都有舞蹈存在。人类其实就是舞动的生物。

我虽然没有时光机器，
但是行走在这地球旅途中，
总会遇到一些场面，
让我不禁怀疑是否已经穿越时空了。

恩戈罗恩戈罗，

雄伟的火山创造出的
巨大舞池。

这里还有大象、狮子、犀牛、豹子、非洲水牛、长颈鹿、斑马、
牛羚、鬣狗……无数的动物们和马赛族友好共舞。

恐怕
从恐龙时代开始
就没怎么改变过吧？

或许
那里所有一切都一如往昔吧？

那里有地球的另一张面孔。

禁止胡思乱想！
首先还是
跳起来吧！

来吧！

比比看谁跳得最高！！

你们每天都在这片土地上
愉快地跳跃着，
你们可能很强悍，
不过我也是一边听着 Linda Linda
一边无数次挑战过最高跳跃高度的，
绝不会输给你们的。

受他们跳跃高度的影响，
我觉得自己比平时跳得更高了。

一瞬间，
"时间"好像停止了一下。

在我的眼前，
笔直的地平线
向一望无际的远方延伸出去。

然后，马赛族的战士们
跳得比我高多了。

"哎，你看见了什么？"

从宇宙俯视众生的话，
这片大地上根本没有什么国境线。

对，根本没有界限可以阻隔我们。
无论是国境还是肤色，无论是语言还是宗教……

跳一跳你就知道了。
舞一舞你就知道了。

还要更高

还要更高的意识，

把自己交给巨大的力量

去领导，去牵引。

跳完欢迎之舞后，我们被招呼进了一个房子里。

房子的外形很像一个巨大的蘑菇。入口处没有门，需要弯着腰才能进去。里面的空间只有四张半榻榻米（7.425 平方米）那么大，天花板很低，没法在里面直立。墙壁涂着搀有牛粪和泥土的黏土，上面没有窗户。只有微弱的光线从树枝交错而成的屋顶缝隙中射下，即使是白天，屋里也很昏暗。正中央是烧火的炉子，还有两张在简单框架上绷上牛皮做成的床。这里是夫妻与子女生活起居的地方。对于马赛人而言，房子更像是"睡觉"的地方，而不是"生活起居"之所。他们几乎一整天都是在室外度过的。USA 坐在床上，听着他们讲述一些令人惊讶的生活故事。

马赛族的男子，要经过许多通过仪式才能成为大人。

孩子们到了六七岁，便开始工作——放牧。到了 13~15 岁，男孩子经过割礼后，便成为"漠狼（音）"战士。

据说成为漠狼战士之后，男人要手持一支长枪，踏上漫漫旅程。访问其他部族，广交朋友，遭遇猛兽，便奋起一战，用自己的双脚走遍草原，流浪数载。这便是他们的成人仪式。和 USA 一起跳舞的，也是一群漠狼战士。

马赛人放养牛、山羊、骡子等家畜，过着游牧民的生活。他们连土地所有权的意识都没有。这片大陆，广袤的土地，不归任何人所有。他们逐水草而居，在草木繁茂的地方搭起房屋，建起波马，当家畜吃尽绿草后，便离开波马，迁徙他处。

　他们一天吃一餐。传统主食是牛奶和生鲜牛血。他们有时就那么生着饮用，有时在叫做"基不油（音）"的葫芦内侧涂上石炭，再将牛奶倒入其中，制作原始的酸奶。他们还有一种叫"巴休（音）"的饮料，是用牛血和牛奶混合而成。而杀掉家畜吃肉，仅限于招待来客等需要庆祝的时候。

　换而言之，他们从不考虑"今天吃什么呀"，也没有要享受美食乐趣的想法。没有电，没有天然气，当然也没有电话、游戏和音乐。也许他们压根就没有娱乐的概念。

　他们在这片土地上，生活简单得连"质朴"都说不上，却骄傲地活着。他们在这片土地上，四百年如一日，过着一如往昔的生活。

　对于享受世界最尖端文化生活的日本人而言，他们的生活远远超过了想象。

　然后，他们的生活中，也有舞蹈。

　只靠自己的躯体，震动着声带，用力踩踏，让大地发出低鸣。这正是大地的节奏。如果能够共享这一节奏，那么无论肤色如何、人种如何，也不论语言和文化怎样不同，心与心却是能够相通的。这也是 USA 行走旅途的工具之一。

　这颗广袤无垠的巨大星球，是舞动的地球。

　在开往小屋的车中，USA 回想着刚才见识的马赛人的生活，漫不经心地默默眺望着窗外。他的视线所及之处，缓缓西下的斜阳又开始将蔚蓝色的天空染成一片粉红。

360 度地平线的大地上，
有一座自古被马赛人视为圣地的岩山。

其中唯有一块
明显与其他岩石不同的石头，
只要敲击它，它就会像大钟一样鸣响。

锣岩。

为何只有一块石头能发出声音呢？
到底是谁把它搬到这里来的呢？

不，它本来就在这片自然之中的吧？
大自然创造出的艺术神奇又豪快。

面对眼前这片大自然，
深深感到自己的渺小。

我的表现
只是小聪明而已。

想要更强大。
想要更柔和。

人类也是这自然界中的生命。
才不会输呢！

我心中的锣声敲响了。

"一直写 HEART，写着写着就变成 EARTH 了。"

EARTH

HEART BEAT ～生命的节奏～

"我想跳舞，但没有节奏感呀。"
我总听到有人这么说……
可我觉得这世上根本不存在没有节奏感的人。

安静下来，试着将你的手放在胸口听一下：
"咚咚♪咚咚♪"
这是你身体内流淌的 heart beat。

看到什么，
听到怎样的音乐，
去到怎样的地方，
遇到怎样的人，
我的 heart beat
才会如此炙热、如此激动地敲打着节拍？

我相信，
一切的一切
对我而言都是"宝贝"。

这个生命的节奏
将我们连在了一起。

DANCE
EARTH
BEAT TRIP

TRIP 3
KENYA
JANUARY 2010

3

在肯尼亚一个叫蒙巴萨的地方，
有一个据说是靠大鼓与舞蹈而生活的村庄。
我们在坦桑尼亚获知了这个消息。

听说那里有年逾 80 的传奇舞者，
不由得怦然心动。

于是紧急改变计划，
从坦桑尼亚向肯尼亚的村庄进发。

这个民族叫做
吉利亚麻族。

去追寻未知的节拍。
Here we go♪

不断消失的声音

有一种声音
如果现在不马上去听，也许就再也无缘下次了。

即使现在也在悄然消失的大自然、音乐、语言……

没法再这么慢悠悠地晃荡下去了。

TRIP 1
KENYA 肯尼亚 I
January 2010
text by Shin Ikeda

说到非洲的乐器，可能许多人脑子里都会浮现出非洲鼓"金贝（Djembe）"吧。

非洲鼓是一种简单的打击乐器，鼓身是剜空的木头，腰部凹陷，用绳子将山羊皮绷在上面而成。最近也有拿塑料鼓面代替皮质鼓面，并用金属环套上的新型鼓。欧美制造的纤维鼓身的非洲鼓也上市了。这也是非洲鼓在世界范围内得到承认的证据。

非洲鼓在日本也经常作为乐队的打击乐器，与架子鼓和吉他一同使用。在非洲鼓的故乡西非，它经常与其他形状大小各异的鼓一起使用，配合舞蹈进行纯打击乐器合奏。

在马里、吉尼亚、几内亚、科特迪瓦、塞内加尔、布基纳法索等西非国家，非洲鼓自古便用于祭祀、仪式和日常生活的演奏。现在非洲鼓更是走向了世界。因此一说到非洲大陆的音乐，人们都只会关注西非音乐。

2008 年 1 月，USA 在舞动地球之旅中邂逅的塞内加尔萨巴鲁舞蹈（Sabar Dance），也是西非舞蹈的一种。好几种鼓一同响起，快速的节拍让人上气不接下气。只有体能超高的非洲人，才能舞出如此激烈的动作。现代萨巴鲁舞蹈保留着传统精髓，又融入了现代风格，极具魅力。USA 完全沉迷其中，无法自拔。他在达喀尔的城里，像着了魔一样，只是一个劲地练习练习再练习。

当时 USA 师从塞内加尔顶级舞者帕姆萨学习舞蹈。帕姆萨在全球也颇具盛誉，他还曾率领音乐家频繁到欧洲各国进行演出。但是东非的民族音乐和舞蹈，在世界上却鲜为人知。

到访马赛族村庄，接触到可以说是舞蹈原点的马赛舞蹈。在坦桑尼亚之旅意兴正浓时，USA 听到了这个消息。

"肯尼亚有一种叫做'恩葛玛（Ngoma）'的传统舞蹈，有一个叫吉利亚麻（Giriama）的部族就以跳这种舞蹈为生。这种舞蹈的演奏乐器是手工制作的大鼓，但无论是跳舞的人还是做鼓的人，都是老年人。也许不久之后，这种舞蹈就会从历史舞台上消失了。"

这是我们第一次听到有关肯尼亚舞蹈的消息。

"恩葛玛"，一听发音就极具非洲韵味。即将消失的传统舞蹈和大鼓……这句话在 USA 的心中荡起了巨大的涟漪。而且肯尼亚还是坦桑尼

亚的邻国。他们生活的地方，是一个面朝印度洋的海边村庄。据说村庄附近有一座叫蒙巴萨（Mombasa）的大型海港城市，那里有飞机场。

"我要去。我绝对要去看看那种舞蹈。我要跳跳那种舞蹈！"

USA 赶紧买了机票，飞离热带草原，经停坦桑尼亚前首都达累斯萨拉姆，向肯尼亚的蒙巴萨进发。

蒙巴萨拥有辽阔的海港，是肯尼亚第二大城市，也是可将印度洋一览无遗的海滩休闲胜地。下飞机后，感觉清爽的热带草原气候在一瞬间消失无踪，炙热的白日毫不留情地直射着大地。闷热的空气，让人热汗狂涌。

我们跳上了出租车，穿过蒙巴萨熙熙攘攘的城区，直奔吉利亚麻族居住的村落而去。车行驶在一条沿海公路上，大约 1 小时后，我们来到了一个叫做马林迪（音）的休闲小镇。

开好房后，我们将行李搬进了旅馆简朴的小院内，然后冲向眼前的沙滩。

这里的沙滩像细雪一样洁白无瑕。脱掉鞋袜，光脚踩上去，享受细沙的触感。踩上去后，细沙会发出新雪一样的嘎吱嘎吱声。用手捧起一些，仔细端详，发现这些细沙摸起来非常柔滑，几乎看不见颗粒，就像小麦粉一般细腻。USA 卷起裤脚，大步流星地走向轻浪拍岸的海边。初见印度洋，温暖而又柔和。

"好舒服呀。我还真是第一次见到这样的沙滩呢。这个不会是人造的吧？虽然我也知道不可能啦。但是这里真是太漂亮了，总会让我不由地产生怀疑，感觉不像走在小颗粒上，而是走在雪上一样。"

夕阳西下，微风拂面，拭去了饱含湿气的闷热。纯白的沙滩，一点一点地被染上淡淡的橙色。USA 坐到沙滩上，呆呆地盯着这如梦似幻的光景，说道："明天会遇到什么样的舞蹈呢？恩葛玛到底是什么样的舞蹈呢？我已经迫不及待想知道了！"

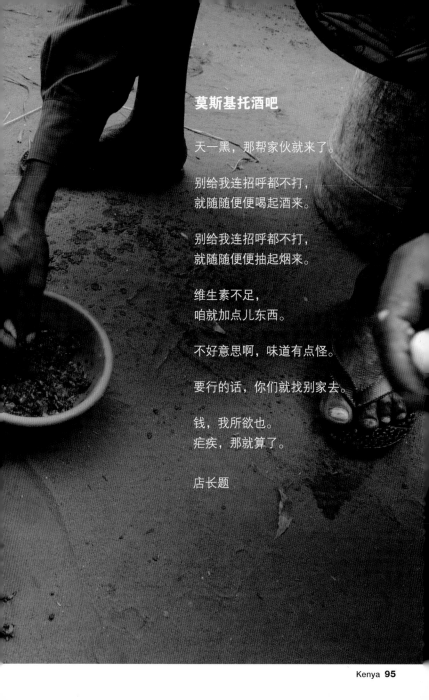

莫斯基托酒吧

天一黑，那帮家伙就来了。

别给我连招呼都不打，
就随随便便喝起酒来。

别给我连招呼都不打，
就随随便便抽起烟来。

维生素不足，
咱就加点儿东西。

不好意思啊，味道有点怪。

要行的话，你们就找别家去。

钱，我所欲也。
疟疾，那就算了。

店长题

传说中的"牛大爷"？？？

年纪 80 多了，
现在仍是现役顶梁舞者。

妻子有 20 个，
儿孙有 100 多个。

听人说大爷虽这把年纪，却连造人也都没问题……
我心想，这大爷到底得有多牛啊！
怀着满心的激动，我来到了这里。

哎呀？

看样子不就是个满街一抓一大把的老大爷吗？

您老腰板还直挺吗？

您老走是能走，但怎么看起来就那么费劲呢……

说实话吧，看着他，我实在无法想象出一个身形矫健的舞者。

我千辛万苦、长途跋涉来到肯尼亚的偏远之地，
可不是为了跳盂兰盆舞那种你好我好大家好的舞蹈才来的！

　　饱饱地睡了个懒觉，一睁眼便到了第二天。在旅馆的餐厅吃了顿不早的早餐。这里时间流动得很慢，让人不知不觉便将日本忙碌的生活抛诸脑后。在这里，没有一个人忙忙碌碌，行色匆匆。无论谁都是漫步徐行，漫不经心地聊着家常。只要视线对上，无论是谁都会报以微笑，打声招呼"Jambo"。USA 享受着非洲时间的美妙。

　　午饭过后，从旅馆出发，不到 10 分钟便到了目的地。我们将车停到稍微有些远的地方，然后步行走向他们的村子。

　　"看，那边。哎呀，今天人还真多呀。看来大家都非常期待 USA 先生的到来。"

　　日本著名舞者来访，这事早就经导游之口传了开去。刚走到村子入口，女人们忽然放声歌唱，孩子们也都跑了过来，一眨眼间就把 USA 围了起来。

　　"呜哇，怎么回事？真是不得了了！"USA 放声大笑，在他们的簇拥下，跳着舞进了村子。

　　闹腾完了之后，放眼向整个吉利亚麻族村子望去。围栏中间是一个巨大的广场。村民沿着围栏，零星地建造了一些简陋的房屋。这里有好几株参天大树，投下了大面积阴影，待着甚是舒服。许多小孩在玩耍。这时，来了一位名叫坶泽兰德（音）的老人。他与我们握手之后，便立刻介绍起大鼓来。

　　广场后方的小屋，是保管大鼓的场所。孩子们正从那儿往外搬出一些大鼓来。

　　首先是"嘣嘣卟（音）"。这鼓直径和高度大概都有 50 厘米吧，样子长得跟三脚圆桌很相似。接下来是"姆匈哆（音）"。它直径大约有 30 厘米，长约有 1 米左右。然后"呛噗喔（音）"是长约 40 厘米的小型鼓。它们的鼓身都不像非洲鼓那样婀娜窈窕，只是简单的圆管状，散发出手工制造的

韵味。这些鼓都很老旧，有些污渍，一看就知道是使用了很长时间的。

坶泽兰德敲击"嘣嘣卟"，"咚"的一声，低音鼓声响起。鼓声极具张力，令人心旷神怡。据说"嘣嘣卟"这个名字，是因为这种鼓发出的响声与印度洋惊涛拍岸时发出的"嘣嚓"声很像而得名。

很快，大鼓演奏就要上演，好几个年轻人在广场边上烧起了篝火。没多久，篝火冒起了浓浓烟雾，他们把手中的大鼓皮面朝下，放在篝火上烤。原来他们是用烤干鼓皮的方法来调音。多么原始的方法呀！

五个大鼓和五位鼓手，背对着储物室坐成一排。在他们旁边，杂乱地堆放了几从金属板材上切下的边角料。这些金属锈迹斑斑，看起来就像是从哪里捡来的垃圾一样。可是，一个鼓手在这堆金属前坐下后，手拿两根棍子，忽然地开始敲击起这些金属块来。大鼓后面，五六个女人站成一列。有的女人怀里还抱着孩子。

叮叮叮叮，那人用棍子有节奏地敲击着金属块。其他人听到后，便一起开始打大鼓演奏。

这是一种独特的节奏。简单的大鼓，发出了各种不简单的声音。重低音、高音、中音。似有似无的弱音，高亢响亮的爆破音。悠悠长长的响声，眨眼即逝的响声。虽然各种声音听起来，似乎杂乱无章，但又似乎以复杂的方式融汇在一起，凝成一种响声，向人袭来。敲击金属板材发出的声音，很像架子鼓里的踩镲，持续叩出淡淡的速度基调。女人们响亮的歌声也在这时融入其中。

USA 最开始还是一副漫不经心的表情看着这场演奏，可在这一瞬间，他完全被这群人气场强大的音乐所吞没。他坐在椅子上，手脚却开始不由地打起节拍来。身体随着音乐，无意识地摇摆起来。

这时，坶泽兰德从一旁走上前，跳起舞来。

他弯着腰，做出前倾的姿势。脚下的步子轻盈而又有力。他时而狠狠地踩踏地面，旋转，跳跃，双臂在空中飞舞，小范围地来回走动。他舞到了 USA 的跟前，做了个很滑稽的打招呼动作，回到广场中央，一屁股坐了下去，忽地跳了起来，然后又开始了强劲有力的舞步。再也不是刚才那个步履蹒跚、老态龙钟的老大爷了。

舞蹈大约持续了 5 分钟，然后结束，就像它开始时那样突然。USA 看

得兴奋不已，送去了热情的掌声。

　　"太牛了！这种舞蹈，我还是第一次见。这种节奏也是第一次。我好想跳，但是真的很难呢。完全没弄清楚定型动作是怎么回事。这可不是稍微学两下就能上手的！"

　　恩葛玛不是即兴的。刚才 USA 看到的，是一首歌的舞蹈。舞蹈动作也不是自由发挥的，而是这首曲子专属的动作。据说这类曲子还有很多，即使现在，也仍然有新曲陆续问世。

　　恩葛玛这个词，有很多含义。

　　如果说"敲恩葛玛"，那么恩葛玛指的是鼓。若是说"做恩葛玛"，则指的是跳舞。假如今天说"有恩葛玛"，则表示有宴会。

　　没有留下乐谱，也没有歌词卡。创作出来的曲子，从一个人到另一个人，从师父到弟子，从大人到小孩，全都是口口相传。既没有理论，也不靠语言，当然更没有 CD 和 DVD 了。这些复杂的节奏和动作，只靠身体和感觉，世代相传下去。嗯，恩葛玛，真是博大精深。

　　于是，USA 决定尝试跳一下。授课开始，姆泽兰德再次跳起刚才表演的舞蹈，USA 则同时在一旁观察、模仿，跟着老师跳了起来。话虽如此，暂不论定型动作和停顿的时间点，就连最基本的节奏都很难把握住。USA 在无数次的重复练习中，一步步向恩葛玛靠近。

　　结束了 1 小时左右的授课，姆泽兰德说道："这个舞嘛，短时间内很难学会的。不过，你底子不错，感觉也很好。要是在这儿好好练上个把月，肯定能出师了。我敢拍胸脯保证！"

　　个、个把月吗……

ART OF NOISE

大・中・小
村里各种各样原始的鼓一齐响了起来。

这可称之为是噪音的声响让空气震颤，
飞散到四面八方。

此时融进了女人们的歌声。
杂乱无章的声音
汇成了一曲音乐。

第一次听到吉利亚麻族的节奏，
我的身体不由自主地摇摆起来。

节拍响起的瞬间，
直到刚才为止，还一直颤颤巍巍的老大爷们，
坶泽伊、坶泽兰德、兰多
三位老人翩翩起舞。

呀～～～～！！！！！！！！！！

这哪是刚才那些腰弯背驼的老大爷呀！！
他们用强有力的脚步踩踏着大地，发出轰鸣，
双臂利索地晃动，
轻快地跳跃了起来！！

出现了！！
超级“牛大爷”！！

身体在舞动，

心灵在舞动，

最终

灵魂也开始舞动起来。

TRIP 1
KENYA 肯尼亚Ⅲ
January 2010
text by Shin Ikeda

明天还要继续来上课。跟他们握手道别后，回到了旅馆。但是第二天早晨起来，USA有些异样。双颊潮红，眼神恍惚。他感冒了。USA发着高烧，身体不停颤抖，连走路都很费劲的样子。这一路辗转换乘了好几趟飞机，马不停蹄穿越非洲的热带草原。一路奔波，一路舞来，从未有丝毫停歇。积蓄多日的疲劳，终于一下子爆发了。

"非洲的大夫靠谱吗？"USA难掩不安的心情。我们安慰道："现在不是担心这个的时候。你要是不放心，咱们就不让他打针了。"我们让医生到旅馆来出诊。USA喝下医生开出的药，今天得好好卧床休息，安心静养一天。

第二天早晨，USA看起来恢复了不少。但可能也只是药力作用，暂时把烧给压下去了而已。即便如此，USA还是坚持"要跳舞"。他的热情折服了我们，只得出发前往村落。吉利亚麻众人都担心地前来慰问："没事吧？可担心死我们了。"

上次没有遇到姆泽伊长老。他年约85岁（非洲的老人都只能用"大概"、"大约"来说自己的年纪。别说生日了，他们连自己哪年出生的都不清楚。这个国家没有庆祝生日的习俗，所以知道准确的年龄也没有什么意义），有20个妻子，还有数不清的子孙。他身形矫健，是位现役的舞者。但是据说他没有住的房子。

恩葛玛开始了，姆泽伊便舞了起来。舞蹈之激烈，让USA目瞪口呆。这个无家可归的老大爷，实在太牛了！

经过了30分钟的练习课程，USA也舞了起来。虽然还有很多不尽完美之处，但动作越来越熟练，越来越像模像样起来。

他还和姆泽兰德开始了即兴的斗舞比赛。说到即兴舞蹈，那就是USA的天下了。他自在随意地舞动着身体，引起村民们阵阵欢声和笑声，小小的村子沸腾了起来。

跳完舞的USA汗流浃背，回到椅子上，脱力一般地坐了下去。然而没想到，不一会儿，他就摔下去，瘫在了地上。又开始发烧了。

广场上，四对童男童女开始舞了起来。少年们舞出了男子气概，少女们跳得妩媚多姿。他们年纪虽小，却舞姿绰约。不愧是流淌着恩葛玛的血统。

姆泽兰德再次舞了起来。这种舞蹈叫做"恩葛玛·亚·偑魄（音）"

　　"佩魄"在斯瓦希里语中，意味着灵性的存在，包含了精灵和恶灵两种含义。据说他们是通过舞蹈，来让佩魄降临人世的。恩葛玛也有咒术的一面。

　　舞起来的坶泽兰德，忽然一改刚才朝气蓬勃的舞姿，脸上浮现出了苦恼的神情，似乎在苦苦思索什么东西一般，时而还露出痛苦的表情。

　　"呀——"他不止一次发出高亢的怪叫声，脚上踩踏着沉重的步伐，捂住了脸部，站住不动，接着又激烈地舞了起来。他重复着这一舞蹈，跳了一会儿，忽然坐到地上，一动也不动了。脸上渗出了豆大的汗珠。

　　刚才一直躺在地上的 USA，不知何时，早已从地上爬了起来。他坐在椅子上，一直观看着坶泽兰德的舞蹈。他脸上表情轻松，看起来刚才的痛苦已经过去。"坶泽兰德开始跳舞后，忽然就感觉身体轻松多了。感觉烧也退了，舒服多了。"

　　他身旁，坶泽兰德无精打采地垂着头，费力地挤出了几句话："不好意思，今天不能再跳了。"

　　他的样子，看起来就像被恶灵附体一般。这幅光景看起来，仿佛是他把附在 USA 身上的恶灵，转移到了自己身上。实在是不可思议。

　　恩葛玛再次响起，孩子们纷纷跳起了舞来。其中一个人拉起 USA 的手。大家手拉着手，围成一个圈，跳了起来。

　　大人们也加入到了这个圈里。性感妖娆的姐姐们将 USA 围在了中间，轮番对着 USA 跳舞。

　　鼓的音色多种多样，像是在对话一般，变幻多端，演奏出复节奏的节拍。

　　村民不分男女老少，全都踩着这个节拍，舞动着。

　　坶泽伊老人说："跟以前相比，确实跳舞的人和跳舞的机会都越来越少了，而且能做大鼓的人也越来越少。但是我一点都不担心。孩子们肯定会把恩葛玛一代一代继承下去的。"

　　恩葛玛对他们吉利亚麻族而言，既是传统，也是乐趣，既是祈祷，也是喜悦。也可以说是他们与生活的羁绊，也是他们存在的理由。

　　与恩葛玛这种东非传统节奏相遇，并在短暂的接触中，USA 又将一颗新的舞蹈的种子握入手中。这颗种子在 USA 的心中发芽，与 USA 在不断探索未知地域的旅途中发现的全球各种舞蹈种子融为一体，然后，长成谁也没见过的参天大树。

恩葛玛·亚·佩魄

据说，吉利亚麻族的舞者都有各自的精灵和恶灵。
它们叫做"佩魄"。

召唤佩魄，让其附体在自己身上，并不停舞蹈，
就像漫画《乔乔的奇妙冒险》中的替身使用者一样。

有一位老人
坶泽兰德召唤出了佩魄。
他的佩魄是非常邪恶暴躁的战斗型恶灵。

坶泽兰德忽然爬到树上，
发出奇怪的声音，激烈地舞动着。

这幅光景甚至让人有点毛骨悚然。

其实我进入肯尼亚后，
一直就感冒缠身，最后高烧不退。

昨晚叫来了非洲医生，屁股上挨了一针，
总算复活了，
可是舞蹈还是太过激烈，体力耗尽，终于倒下了。

坶泽兰德的动作愈发激烈，
接着他好像忽然进入 BAD 状态一样，
一动也不动了。

就连路都走不了。

就在这一瞬间，我身体忽然奇迹般地变得轻快，高烧也退了。
不知道是不是佩魄把我身上的"脏东西"给吸收了？
这种体验太不可思议了。
如果说人类还有什么力量没有掌握的话，
那肯定就是肉眼看不见的力量了吧？

不平衡的舞蹈

除了舞者，所有为表现自己而生的
艺术家都没有安稳这个概念。

就算是喜欢做的事情——吃饭，
其中也是有各种各样的纠葛与不安，
绝不是那么轻松的事情。

但是，这世上真有
绝对的安稳吗？

无论你多伟大，多有名，多有钱，

这是个随时发生点什么都不足为奇的时代。

这样的话，那我想成为不怕不稳定状态的男人。

不管那个地方怎样的不平衡，都能舞起来。
我想成为这样的男人。

就算人生充满坎坷，也能脚踏实地，阔步向前。
我想成为这样的男人。

变身的愿望

别人眼中的自己，
世人创造出的印象——"那个人就是那样的人"，
我总想把这种印象颠覆掉。

这种心情，你能理解吗？

被世人创造出的"我的形象"的锁链禁锢，
没有比这更傻的事情了。

当我想去挑战却没出成果之前，
周围的人总会指指点点，说"这个对你来说太难了"
"人有适合和不适合做的事情""这是天生的"……
我想把这些全都破坏掉。
在这个意义上，有种破坏一切的快感。

改变自我
需要有相当的魄力。
我想我这一辈子活着，
就要不断挑战新的自我，
一直到死，方才罢休。

我能改变自己。
你也能改变自己。

DANCE
EARTH
BEAT TRIP

TRIP 4
INDONESIA BALI
FEBRUARY 2010

TRIP 4 Indonesia Bali 印度尼西亚巴厘岛
February 2010

众神之岛、传统舞蹈

beat

人世匆匆

时隔多日的小岛时间。

迎着新一天的晨光醒来，
沐浴在美丽夕阳中的感动，
夜晚伴随着大壁虎和虫儿的背景音乐入眠。

昨日的纷忙，吹散在风中。

这颗星球旋转的速度依旧如此，
可为什么人们却如此焦急？

红尘滚滚，人世匆匆，让人目眩头晕。

回想起曾经紧张度日的自己。

没能发觉你早已变化，
没能问你为何落泪。

滚滚红尘，匆匆过客，
太容易错过宝贵的风景，
不妨偶尔有意识地感受一下小岛时间，地球时间。

尘 世 的 喧 嚣 逐 渐 离 你 远 去

河川的水声逐渐迎你而来

巴厘岛。在组成印度尼西亚共和国的 18110 个岛屿中，这座小岛最早被开发成为海滩度假胜地。1969 年丹帕沙国际机场建成以来，巴厘岛作为观光旅游胜地，闻名于世。在日本，众所周知，巴厘岛在"最想去的度假胜地"排名中，一直位居前列。

巴厘岛被称为"众神之岛"。

据说巴厘岛九成以上岛民，是虔诚的巴厘印度教教徒。所有岛民家中和店头都供奉着鲜花，一年 365 天，每天都会有一个村子举行祭祀活动，祭祀、赞美神灵。

对于"海岛控"的 USA 而言，巴厘岛是他总有一天肯定要去的地方。不过这次听到了一些消息，让这个"总有一天"终于提上了日程。

"巴厘岛有种很棒的舞蹈。跳舞的人动作就跟蜥蜴一样，怎么看都不像是人类能够跳出的动作。"

USA 努力从忙得晕头转向的日程中，挤出时间，马不停蹄踏上旅程，其原动力无非就是舞蹈。USA 并没有将"魔爪"伸向巴厘岛代表舞蹈"科恰舞（Kecak Dance）"，反而对"蜥蜴舞"产生浓厚兴趣："那是什么舞呀？听起来很牛啊！"一旦打开了开关，就再也抑制不了蠢蠢欲动的心情了。于是，USA 踏上了首次巴厘岛之行。

到达登帕萨（Denpasar）机场时，已经是晚上 9 点。"怎么说呢，原本我印象中，巴厘岛应该更乡下地方的感觉，可是一下飞机，站在丹帕沙机场，发现这里比我想象得更都市一些。街道很干净，道路很完善，车子也很多。霓虹灯广告牌比比皆是，说实话有点小意外。"USA 评价道。确实如此，大约在 10 年前，从机场到街里的主干道还不是柏油路，岛上

有信号的地方屈指可数。而现在几乎条条道路都铺设得整整齐齐，所到之处都有信号覆盖。时光的流逝，在这座东南亚的小岛上，似乎加速了不少。

距机场不远的库塔（Kutal）区和雷吉安（Legian）区一带，是岛上最好的观光景点，一直繁荣至今。不过，这次我们要去的地方，是巴厘岛中部山间的村落——乌布都（Ubud）。这里是艺术家之村，作为艺术和表演之地，闻名遐迩。

我们穿过建筑物鳞次栉比的城区，往山区开去。道路变得狭窄，既没有往来的车辆，也没有街灯，四周都笼罩在一片黑暗当中。没过多久，我们便到达了下榻酒店——柯玛尼卡度假村酒店（Komaneka Resort）。宽敞的大堂，极具开放感，豪华客房配备了会客用的沙发茶几，还有巨大的单人床。这里简直是最舒适的栖身之所。

钻进舒服的被子里，美美地睡上一觉。第二天早晨，一觉醒来，窗外是层层叠叠的梯田，还有一望无际的热带草原气候森林。

"哇！好美的景色，太棒了！有好多田地，感觉跟日本很像，但是田间道上却种着椰子树。果然氛围还是很不一样啊。新鲜！"初见巴厘岛，USA 贪婪地欣赏着眼前美景。

在众神之岛巴厘，回忆自己的往昔。

"神给世上每一个人都赋予了他们的角色。"
话虽如此，可当年十几岁的我，对于将来要走的道路百思不得其解
的时候，神怎么就不告诉我，我该做什么才好呢？

"喂！！神啊！！别卖关子了，赶紧告诉我吧！"

当时的我每天沉迷于舞蹈和足球的世界，对学习完全不感兴趣，
还被老师戏谑地称为"成绩巨烂四天王"。

我拿到了一本职业介绍的书，
可惜的是当时没有发现一件我想做的事情……
弄得我相当消沉。

当时别人问我以后要干什么，我的回答是"要干大事！"
虽然问我要成为什么样的人，我苦苦思索也得不出答案，
但是想干的事，却还是很明确的。

让一个十七八岁的少年决定一辈子做什么，根本就不可能嘛。

那我干脆就尝试着把心里蠢蠢欲动的念头变为现实。

然后，慢慢地慢慢地让时间来告诉自己，
只要倾听自己内心的声音就行了。
"上天的声音，就是内心的声音。"

顺便一提，现在我完全不在意头衔之类的东西，非要弄个头衔的话，
我想要不来个喜欢冒险和表达自己的"流浪艺术家"？
不过当时拿到的职业介绍中，倒是没看到有这样的职业。
出版社的编辑们，如果可以的话，不如写进内部清单如何？

诞生日

有些日子，真是万事都不顺心。
有的时候，我也会想"再也撑不下去了"。
但是，我的人生物语绝不会在那时就完结了。

嗯，今天是剩余人生的开端。

昨天的痛苦和伤悲，全都扔给昨天的自己，
然后，从现在这个地方，迈出前进的步伐。

想要蜕变，就趁现在。

梦的路途

如果你有打心底里觉得"喜欢！"的事物，
那就挺好的。

就算再狼狈不堪，
就算再离经叛道，
就算再被人嘲笑，
也要坚持自我到底。

路是自己走出来的。

TRIP 4
INDONESIA BALI 印度尼西亚·巴厘岛 II
February 2010
text by Shin Ikeda

巴厘岛的舞蹈，并非单纯的娱乐活动，而是供奉神灵的舞蹈。各种舞蹈都有基于某个故事的动作，所以 USA 要慢慢地跟当地的舞者学习。跟此次的老师阿诺木（音）约好在谷弄萨利（Gunung Sari）寺院见面。到达寺院后，等待老师的到来。

谷弄萨利寺供奉的是艺术之神。在学习舞蹈之前，USA 要遵从习俗，跟阿诺木老师一起献上祈祷。守卫寺院的僧人和巫女焚香祷告，念念有词。这样的仪式多少有些恭敬虔诚的感觉。然后，终于开始上课了。

阿诺木首先跳的是"巴里斯·同加尔（Baris Tunggal）"，战士的舞蹈。只见他威武地张起肩臂，瞪大双眼，转动着眼球，将视线投向四方，用力踩踏脚下的大地，四处移动步伐。刚才那副温文尔雅的表情早已不见了踪影，简直跟换了一个人似的。身上散发出令人生畏的迫力，展现出彪悍威武的战士之姿。

USA 先依样画葫芦地跳舞，然后阿诺木不断地给予纠正。"手臂再往上抬一些""让你的意志贯穿到指尖""眼睛睁得再大些"。大约 1 个小时的课程让 USA 汗流浃背。他说："动作都不是很难，但跳起来就是很累。因为跳舞的时候必须要非常注意手部和眼睛的表达，所以感觉体内有一条不常用到的新的神经被打通了。"

小憩之后是"陀彭·秃渥（Topeng Tua）"。"陀彭"是面具的意思，"秃渥"是老人的意思。也就是带着老人面具跳舞。面具上表情各异，都很诙谐夸张，据说这些面具都是经过被禊净化的。

阿诺木选了一个老人面具，戴在脸上，便舞了起来。一瞬间，风华正茂的阿诺木，忽然变成了老态龙钟的老人。刚才还是敏捷矫健地跳舞的强大战士，现在却弯腰驼背，步履蹒跚，俨然就是个随地乱揩鼻涕的糟老头。两者形成了鲜明对比。与其说是舞蹈，不如说是演技，不对，用"舞姿"这个词更为适合。USA 也戴上面具，学习起这种舞蹈。

用完午饭后，我们转移到孩子们学习跳舞的地方。阿诺木的妻子和女儿都是舞者，他女儿在指导一些小女孩跳舞。

雷宫舞（Legong）＝宫廷舞。虽说都是小孩子，但动作却是有模有样，翩翩舞姿，散发出女性的婀娜妩媚。上完课，USA 加入了她们当中，表演了一些 Hip Hop 的舞步与动作。孩子们都饶有趣味地看着他的舞姿，露出害羞的笑容，给人留下深刻印象。

就在不知不觉间，男人们纷纷围聚了过来。他们脱掉衣服，将布匹裹在腰上、头上，开始了准备工作。他们是阿诺木率领的 Semara Ratih 舞团的舞者们。USA

也在他们的指导下，准备起来。是科恰舞！然后所有人都站到了建筑物的阴影中，准备开舞。一个人发出了"恰恰恰"的号令，其他人全都大声附和，声音重叠在了一起。

科恰舞是巴厘岛的代表性舞蹈。没有乐器，只有从男人们嗓子里发出的声音，以 16 拍的快节奏交织融合在一起，迫力逼人。同时，他们的动作也很诙谐有趣。USA 混在 10 名舞者中间，会心地欢笑着，完美地融入了舞者的队伍。表演完一曲后，围观的人们掌声如雷。"哎呀，太好玩了！"USA 满面笑容，跟舞者一一握手。

在这片无与伦比的度假胜地，别人都在尽情享受悠闲时光。而 USA 从早到晚沉浸在舞蹈的世界，刻苦学艺，孜孜不倦。一天结束，回到酒店，USA 居然立刻就倒在床上，累得起不来了。

第二天，正式跳巴里斯舞。酒店客房内，在阿诺木太太的帮助下，USA 换上了表演服，化上了妆，同时还有些紧张。车没开多久，便到了一片宽阔的草地。这里就是今天的舞台。录音机里流淌出"甘美兰（Gamels）"。这是巴厘舞蹈的伴奏音乐。USA 踏着音乐的节拍，与同样身着正式演出服装的阿诺木一起，开始跳起了战士之舞。

巴里斯表现的是初临战场的青年。阿诺木眼神气势汹汹，威武勇猛的动作，配上细致的手部表现，用力踩踏大地、旋转、停顿的姿态。每个动作，都汗水洒落，气势迸发。USA 也像被这股认真劲感染了一样，他的舞姿，也越跳越热力四射。

一曲舞罢，合掌鞠躬。这一瞬间，笑容回到阿诺木的脸上，仿佛附在他身上的东西烟消云散了似的。大汗淋漓的 USA，也从紧张的气氛中解放出来，露出了心满意足的表情。这一瞬间，也是不同国籍的舞者通过舞蹈合为一体的瞬间。

回到酒店，用过午饭，稍作休息之后，阿诺木又教了 USA 一种舞蹈。

1895 年，一位名叫马里由（音）的舞者在登帕萨布拉尔安（音）村诞生。这位传奇舞者创造了"科比亚・嘟嘟库（Kebyar Duduk）= 跪姿舞蹈"。这种舞蹈是男子独舞。

缠上长长的腰带，手拿扇子，时而弯着腰，时而跪坐着移动身体，表现出优美舞姿。但是，急剧变化的面部表情、眼部动作以及迅速的舞蹈动作，给舞蹈增添了激烈情绪，与其优美姿态形成鲜明对比。USA 也尝试了一下，不过独特的舞蹈动作让他陷入苦战。待到挥汗如雨却神清气爽时，阿诺木的课程便全部结束了。USA 低头谢礼，紧紧地握住了老师的手。不料这时阿诺木发出了邀请："我们明天在舞蹈大厅有个公演。你想不想来参加一下？"

我没什么爱好。

舞蹈就是我
唯一的
游戏。

巴里斯～战士之舞～

仿佛至今为止从未使用过的
身体神经和细胞
都被甘美兰的音色所感染，
一点点被唤醒。

指尖、
　　　眼球、
　　　　　　灵魂
　　　　　　　　都跳起舞来。

大约 10 位巴厘岛大叔聚在一起
跳起了科恰舞。

他们用不同的声部边合唱"恰恰恰"边跳舞。
光这么看着，也不知道他们在搞什么玩意儿，
但跟他们一起大声合唱，做出奇怪的动作，
然后笑到肚子抽筋，真是太开心了。

他们根本没用一个乐器，
也没有特殊的道具。
看着跳着科恰舞的大叔们，
我不由地心想：
"人类的身体就是很棒的乐器。"

用身体来弹奏出节奏吧♪

明明只是萍水相逢，
但一起跳过舞后，却如故人重逢一般亲密起来。

这是我喜欢舞蹈的一个原因。

不用婆婆妈妈地说明解释，
舞蹈就是最强的交流工具。

　　翌日清晨。睡足了懒觉，吃完晚班的早饭，USA骑上自行车，出门散步，晃晃悠悠地在乌布都闲逛。

　　梯田覆盖在平缓的山坡上，描绘出优美的曲线。成熟的稻穗垂下了头，沐浴在明媚的阳光下，闪耀着金灿灿的光芒。田地一角，农夫们一边欢笑着，一边将割下的稻子堆积起来。

　　头顶着篮子行走的女性们。身穿制服的小学生。摩托车上的父子二人或一对情侣。望着田地发呆的老爷爷。在路边小河浣洗衣物的老奶奶。手捧五颜六色供花的年轻女子。在摆满木雕的店头聊得兴高采烈的妇女们。满载货物和乘客的轻卡车。路上行人，步履从容，缓缓而行，四目相对，任谁都会对你微微一笑。

　　"这里的人真的很好呢，总之大家都很友好。没有一个人急急忙忙的，虽然有些害羞，但是谁都会对你报以微笑。饭菜也很好吃，在这里待着，真是太舒服了。总让我想起冲绳的爷爷奶奶，虽然是第一次到这里，却觉得一切都那么的亲切。下次来的时候，我想再好好地多待一段时间，慢慢地在岛上晃荡晃荡。"USA打心底喜欢上了巴厘岛。

　　然后，USA去逛了一圈市场，买了纪念品和礼物。公演下午7点开演。赶在差不多快开演的时候，到达会场，发现已有半数席位的观众。没多久，表演开始了。

　　甘美兰在大厅中回旋萦绕。大大小小的铜锣和铁琴的音色，犹如交响乐一般，融汇交织在一起。这是巴厘岛独特的音韵。演奏者中，有不少似曾相识的面容。原来是和USA一起跳过科恰舞的Semara Ratih舞团的舞者。

　　女性舞者舞姿飒爽，用华丽的动作跳着"盆得特（Pendet，欢迎之舞）"。紧接着是妩媚妖艳的雷宫舞。然后，阿诺木登场，跳起了"巴里斯·同加尔"。

　接下来上演的是"巴龙舞（Barong）"。象征善良的圣兽巴龙很像日本舞狮里的狮子。舞蹈讲的是它和邪恶象征的魔女琅妲永无止境地战斗的故事。善与恶，生与死，正与邪。人们说这种舞同时存在的相对概念，描绘出了巴厘印度教的世界观。

　这些都是巴厘岛的众神之舞，充满了异国情调。USA 在观看途中，悄然来到后台，准备最后登台表演。

　没有彩排的即兴舞蹈，从阿诺木教的巴里斯战士之舞开始。双腿半蹲成马步状，有力耸起肩膀，指尖直指上空，双眼怒张，眼球不停转动，扫向四方。然后动作慢慢升温，越来越激烈。甘美兰的演奏者们目不转睛地盯着 USA 的一抬手、一投足，仿佛跟他动作同步了一样，敲打出节奏，渐渐融为一体。向上腾空跃起，旋转一周后，立刻高高地将腿踢起，从舞台这边，舞到舞台那边，然后马上回到中央，稳稳地停下，摆了个亮相的造型。舞出的愉悦之情也感染了观众的心。短短 10 分钟的舞台，却也是 USA 的新表演大放光芒的瞬间。

　最后，USA 与阿诺木一同上台谢幕。回到观众席后，他还久久不能平静，说道：

　"真的太爽了！甘美兰的演奏者都配合我的动作在演奏。Hip Hop 和 House 的节拍都是很低的鼓点敲出来的，但是甘美兰的调子却很高，感觉直接刺激着我的大脑，感觉像是被扔到了什么地方去了的样子。可能这就是神的舞蹈吧。

　陀彭舞的面具就像火男面具一样，巴里斯的动作跟歌舞伎也有相通之处。巴龙舞简直就是日本的舞狮。感觉跟日本有很多相通之处。但是在日本，众神都是给人不动如山的印象，而这里的众神都喜欢跳舞。巴厘岛上每天都有一处在举行祭祀活动，可见巴厘的众神是多么喜欢跳舞。这个给我的冲击真的很大。因为日本法律规定过了半夜 12 点，就不能跳舞了。哎呀哎呀，这里连神仙都在跳舞呢！这次的旅行时间虽然很短，但是受到了本地舞者的耐心教导，能够亲身体验众神之舞，这个经历实在是太棒了！"

　USA 此次所学，仅仅是巴厘舞蹈的冰山一角。据说实际上，巴厘岛上有数都数不清的舞蹈种类。

　众神居住的海岛，众神舞动的海岛，巴厘岛是一座充满众神节拍的海岛。

甘美兰集会

这次教我跳各种巴厘岛舞蹈的阿诺木发出了令人欣喜的邀请：
"想不想在舞蹈大厅里表演一段？"

而且是独舞，他帮我插入了一个自由即兴表演。
耶！！

设计好的或是规定动作的舞蹈跳起来也很开心，
但说句实话，光跳中规中矩的舞蹈，不符合我的性格。
我骨子里就是个"即兴舞蹈控"。

没有彩排，直接上场，虽然会紧张得心跳加速，
但 20 位甘美兰演奏者的演奏实在是太棒了。

我真觉得自己的心弄不好都要窒息了。

那刺激直直地冲上头顶，让我差点癫狂掉。

甘美兰演奏者们配合着我的动作，同步奏出节拍，
我就好像是跳着舞的指挥家一样。

这是继跳完塞内加尔的萨巴鲁舞蹈之后的又一次冲击。

众神之岛，夜晚，随着众神的节拍摇摆。

这座小岛的舞蹈，
背后全都有故事。

就像没有台词的戏剧一样。

总有一天，
我也会
发明自己的舞蹈和祭祀仪式，
创造传奇。

等我把全球的节拍都征服了之后再说♪

时间长河奔流不息。

一个瞬间，连接着下一个瞬间。

这就是未来。

这个地球，这个宇宙，都在不停转动。

一路舞蹈下去吧！

一路行走下去吧！

Keep on moving ♪

DANCE
EARTH
BEAT TRIP

TRIP 5
INDIA
FEBRUARY 2010

5

TRIP 5 India 印度
February 2010
在神圣恒河河畔纵情热舞

恶人也好，

圣人也罢，

温暖和

柔情

是所有人的

灵魂

一直渴求的。

TRIP 5
INDIA 印度 I
February 2010
text by Shin Ikeda

这一站是印度。对于大多数日本人而言，印度是 IT 大国、咖喱之国、拥有 10 亿人口。而对于背包客们而言，印度也是超越时代的梦想之地。

在说到 USA 的印度之旅前，我们先来聊一下决定印度之旅的来龙去脉吧。这个说来话长，还希望大家耐心听我细细道来。

源头要追溯到 2007 年了。我与 USA 一起踏上"舞动地球（DANCE EARTH）"之旅，一直以来都在记录我们的旅程。不过这一年 7 月，我与自由作家高桥步一同到访了一座印度城市——瓦拉纳西。正是高桥步促成了 USA 这个"舞动地球"系列图书的出版。

瓦拉纳西坐落在恒河河畔，是一座古都。

我们两人在瓦拉纳西的旅途中，认识了一位印度人。这名男子在我们下榻的经济旅馆工作，他说自己名叫马尔科（音）。他一直忙前忙后，照顾我们的起居，所以我们很快就跟他熟络了起来。

几天后，在马尔科的盛情邀请下，我们去了他家玩。简陋破旧的棚户密密麻麻地挤在一起。狭窄的小巷杂乱交错，最深处的房子就是他的家。一间 6 张榻榻米（9.9 平方米）大小的房子，密不透光，即使在白天，屋里也很阴暗。他和一位似乎是他太太的女性，还有三个孩子一起，挤在这狭窄的空间里生活。

地板上铺着一张布满污渍的薄布，我们就坐在上面喝茶，然后我不经意地说了句："您太太挺漂亮的嘛。"没想到马尔科回答道："她不是我太太。这些小孩也不是我们的孩子，是她在路上捡回来养的。"

She picks up from street.

马尔科的声音真实地传入了我们的耳朵，震撼着我们的鼓膜。这个事实以及马尔科在孩子们面前毫不避讳地说出这些话的举动，都冲击着我们的内心。马尔科继续说道："她的名字叫玛莎贝比（Mother Baby）。瓦拉纳西有很多流落街头的小孩。她的梦想就是要为这些小孩建一所学校。我一直在帮她的忙。但我收入不多，现在光养活这三个孩子，就已经忙不过来了。"

马尔科说着，拿出空无一文的钱包，在我们面前晃了晃。

"嗯，这样啊。是个不错的想法呀。"我心想，于是问道："您说的这个学校，要多少钱才能建起来呀？"马尔科立刻回答说："土地要 3000 美元，建筑物要 3000 美元。"

　　总共 6000 美元，也就是大约 60 万日元。这个金额对于我们两个日本人来说，绝不是难题。只要有 6 个人，每人掏出 10 万日元资助，就可以搞定。而且现在这里就有两个人可以提供资助。我把想法告诉高桥步之后，他立刻回答道："我正好也是这么想的。"

　　第二天，我们去了恒河对岸的一个村庄。马尔科就是想在那里建一所学校。那里与熙熙攘攘的瓦拉纳西街头截然不同，是悠然闲散的农村。外国游客完全不会涉足这里，我们所到之处，都有一群小孩跑过来围观。他们光着脚丫子，身上的衣服有些脏。还有光屁股的小婴孩。所有人都无一例外，满身尘土，只有眼睛闪着光芒。马尔科用认真的眼神看向我们。

　　"他们大多是上不起学的穷孩子。我想在这里办一所免费的学校。"

　　围绕在我们身边的孩子，全都朝气蓬勃。没有一个人像瓦拉纳西街头的小孩那样，嘴里嚷着"money"，在你身边纠缠不休，跟你伸手要钱。浅黑色的皮肤，圆圆的瞳孔。从那里投来的视线，让我的心不由地揪紧。在他们无比灿烂笑容的包围之中，我开始认真地打算："要是能在这里建所学校，该多好呀。"

　　既然要着手开干，那就不要光建学校，还要把教室上面的一层楼都弄成旅馆，供游客歇脚投宿。再用旅馆收入来充当学校的运营费用。高桥步和我在脑子里开始描绘计划蓝图。回国后，我们马上问了一些朋友、熟人："我们想给印度的孩子们修建免费学校，还要在学校里修建可供游客住宿的设施，一股 10 万日元，不知你愿不愿意慷慨解囊？"

　　"真的假的呀，是印度唉。不会被人骗了吧？"有些家伙表示怀疑。也有些家伙立刻拍板："挺有趣的呀，算我一份。"结果我们召集到了20 多位发起人。回答"那是必须的呀！"的 USA，也是发起人之一。

　　第二年，有 80 人次的日本志愿者聚集到了瓦拉纳西，经过了 1 个月的工程期，一座两层建筑的学校大楼完工。学校命名为"玛莎贝比学校"，2008 年 6 月开始上课。在有志之士的帮助下，第二期工程竣工。2009 年 5 月，二楼的招待所也开门营业了。现在每天有 30 多位学生来这所学校学习。

　　瓦拉纳西宛如一座被时空机器扔到了 100 年前的城市，是个充满惊奇的世界。

　　所有道路都很狭窄，杂乱交错。汽车与小型的三轮出租车、同样只有三个轮子的黄包车、自行车、步行者、运货的手推车熙熙攘攘，来来往往，再加上神牛、山羊和流浪狗，在这里，看不见任何"秩序"的踪影。

　　道路两旁，各种商店鳞次栉比。女人们身穿色彩艳丽的纱丽服和旁遮普服。蓬头垢面的乞丐在人流中穿梭，不时伸出手来讨钱。

　　在露天茶屋喝的印度奶茶（Chai），一杯2卢比，大约4日元。朴素的小陶杯是一次性的，喝完茶后，就地扔掉。哪里都看不到垃圾箱，垃圾都当场随手扔掉。所到之处，垃圾遍地。随处可见神牛旁若无人地拉着粪便，一路扬长而去。咖喱中使用的香辛料"玛撒拉（masala）"的香味，混合着垃圾、家畜和人身上散发出的体味，无处不笼罩在一种奇怪的气味中。这里嗅不到一丝IT文明的味道。

　　当地人称恒河为"刚噶（Ganga）"。对于占印度8成人口的印度教徒而言，恒河是神圣之河。死者在圣城瓦拉纳西火化，然后骨灰撒向恒河对印度教徒而言，这是最好的死法。所以人们从印度各地蜂拥而至。来自世界各地的游客和背包客也加入其中。这里有许多被称为"萨度（Sadhu）"的苦行僧。他们身上裹着一整块橙色的布匹，整天无所事事。他们唯一做的事情，只有冥想，在恒河里沐浴、祈祷，然后在此静待圆寂之日的到来

　　印度教的信徒和日本佛教徒一样，都相信轮回转世。轮回转世的思想也就是相信人在死后会投胎重生。为了来世——投胎转世后的人生能够过上好日子，人们日复一日地向神灵祈祷，度过这一世的人生。恒河河畔的火葬场，总有遗体被火化，焚烧后的骨灰被撒入恒河。一年365天，一天24小时，无休无止。就在火葬场旁边，孩子们跳入河中，人们在这里沐浴净身，浣洗衣物，虔诚祷告。恒河，是一条融入了浮生万象的河流

迎宾茶

到达瓦拉纳西机场，
出机场后，
印度朋友拉佳立刻迎上前来。

"呃，咱们先去喝杯印度奶茶吧？"
听了他的建议，我们在身边的路边摊喝了一杯2卢比约4日元的奶茶。
"呀！真是又香又甜！"
薄薄的容器是一个朴素的茶色陶杯。
拉佳说喝完奶茶后，就扔到地面上摔掉。
我问："摔了不是挺可惜的？"
拉佳对我说："这是牛粪和黏土烧的，不碍事。"
喂！！

谁说不碍事了？！
怎么不早说呀！

一边大赞"好喝！好喝！"一边灌下热腾腾的奶茶，
谁知道会不会有牛粪溶到茶里面呀……
这迎宾茶喝得还真是心惊胆战。

可猛然醒来，却发现自己早已喝上瘾了。

种姓制度

印度至今都还保留着种姓制度。
如果出生在乞丐之家，那就只能当一辈子的乞丐。
为了让小乞丐能够获得游客的同情，
有的父母居然斩断亲生子女的手足，或是弄瞎他们的双眼。

听到这番话，胸口仿佛被刀子猛刺了一下。

虽然不想对种姓制度说三道四，
虽说为了活下去，这也是无奈之举，可加害自己的亲生子女……
连牵着手时的触感，
连光着脚丫在大地上来回奔跑的能力，
连自由都被剥夺了，
还真是让人无比悲伤和痛心。

如果那些小鬼头们学会跳舞，
组成丐帮街舞队，
能在街头表演卖艺，换取钱财，
那也总比被断手断足要幸福上几百倍吧？！

既然无法逃脱出去，
那就索性做个全球最赚钱的乞丐，
"全球最赚钱的乞丐舞者"。
如果有家伙想这么做的话，
我愿把生平绝学都倾囊相授。

人人人人垃圾垃圾垃圾垃圾牛牛牛自行车自行车摩托车
三轮出租车三轮出租车粪粪粪粪人人人人人牛牛牛牛牛
自行车牛牛三轮出租车三轮出租车粪粪粪粪车摩托车
三轮出租车车车车车垃圾垃圾垃圾粪粪粪粪粪人人
牛牛牛人人人三轮出租车三轮出租车粪粪粪垃圾垃圾垃
自行车人人人人垃圾垃圾垃圾牛牛牛牛自行车自行车
粪粪牛牛粪粪粪三轮出租车三轮出租车粪粪粪粪人人人
自行车自行车自行车车车车人人人三轮出租车摩托车摩
三轮出租车车车车车车车垃圾垃圾垃圾粪粪粪粪粪人人
摩托车牛牛牛牛人人人人三轮出租车三轮出租车粪粪粪
自行车自行车人人人人垃圾垃圾垃圾垃圾牛牛牛牛牛
摩托车人人人人人人人粪粪牛牛粪粪三轮出租车粪
牛牛牛牛粪粪粪粪车车车车垃圾垃圾垃圾自行车自行车
三轮出租车粪粪粪车车摩托车摩托车牛牛牛人人人三轮
垃圾垃圾粪粪粪人人车自行车自行车人人人人摩托车摩
三轮出租车三轮出租车粪粪粪垃圾垃圾垃圾车车车车垃
人人垃圾垃圾垃圾垃圾牛牛自行车自行车摩托车摩托车
粪粪三轮出租车三轮出租车粪粪粪人人人人牛牛牛牛粪
人人人自行车自行车自行车牛牛牛三轮出租车三轮出租
人人人人三轮出租车车车车车车垃圾垃圾垃圾粪粪车车
摩托车摩托车牛牛牛牛人人人人三轮出租车三轮出租车
垃圾自行车自行车人人人人人垃圾垃圾垃圾垃圾牛牛牛
人人人人人垃圾垃圾垃圾垃圾垃圾牛牛牛自行车自行车
粪粪牛牛牛牛粪粪粪粪粪三轮出租车粪粪粪人人人人人
车车车垃圾垃圾垃圾垃圾自行车自行车自行车牛牛三轮
摩托车摩托车牛牛牛人人人人人三轮出租车车车车车车
粪粪粪粪人人车自行车自行车摩托车摩托车车车牛牛
自行车自行车摩托车摩托车摩托车人人人人人粪粪牛
人人人人牛牛牛粪粪车车垃圾垃圾垃圾垃圾自行车
三轮出租车粪粪车车摩托车摩托车牛牛牛人人人三轮
垃圾垃圾垃圾粪粪粪粪粪人人车自行车自行车人人人
三轮出租车三轮出租车粪粪粪粪垃圾垃圾垃圾车车车

人人人人人粪粪牛牛粪粪
圾垃垃垃圾垃自行车自行车
人人人人人三轮出租车
车人人人摩托车摩托车摩托车牛
车车垃圾垃圾自行车自行车
摩托车人人人人人人人人
粪粪粪车车车垃圾垃圾垃圾人人人
圾牛牛牛三轮出租车
车人人我人人垃圾垃圾
圾垃圾粪粪粪牛牛牛自行车
自行车摩托车摩托车
人人牛牛车车人人人
牛车车三轮出租车
租车车车垃圾垃圾
牛牛牛牛人人人
自行车自行车人人
人人人人人人人粪粪牛牛
车车垃圾垃圾垃圾垃圾
粪粪车车摩托车摩托车
自行车人人摩托车
圾垃圾垃圾车车车垃圾
自行车摩托车摩托车摩托车
租车粪粪粪人人人
三轮出租车垃圾垃圾
圾垃圾垃圾人人人人
牛牛牛牛人人人
自行车自行车
摩托车人人人人人人人
粪粪粪垃圾垃圾垃圾
租车粪粪粪车车
圾人人人人人
圾垃圾垃圾垃圾牛牛牛
租车三轮出租车粪粪粪粪
车牛牛三轮出租车
租车车车车
摩托车牛牛牛牛人人人
行车自行车自行车人人人

这是什么乱七八糟的呀～～～～！！！！

这就是圣地瓦拉纳西？

别开玩笑了！

治愈属性为零……

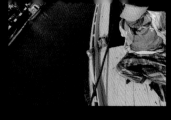

"什么乱七八糟的呀！"

这是 USA 到达瓦拉纳西后的第一印象。"这儿也太不靠谱了吧？一个不小心，就会踩到牛粪。到处都是异味和灰尘，让人呼吸困难。居然来到这么个极品的地方。"我们的印度之旅就在这后悔声中开始了。

从首都德里乘坐 2 小时的国内航班，再从瓦拉纳西机场改乘出租车，大约 1 小时左右，到达瓦拉纳西的旧城。羊肠小巷交错纵横，连车辆都无法进入。我们在巷子里步行了 10 分钟左右，来到普加招待所办理入住。这是个老招待所，不过从屋顶餐厅的露台上，可以一览恒河和瓦拉纳西的街景。在客房放好行李后，来到 7 层的露台。USA 被眼前的绝美景色惊呆了。

"太棒了，这就是恒河呀……"

对面土色的街道上，建筑物密密麻麻地连成一排。沐浴在阳光中的恒河，水势浩浩，波光粼粼。自从来到印度后，这是首次得见绝色美景。圣河，恒河……可是……

USA 从旅馆出发，前往恒河。路上遇到一头壮硕的神牛，横在小巷中央，挡住了前路。对于印度教徒而言，牛是神圣的动物，所以他们既不吃牛肉，也不会杀牛。因此，流浪牛代替流浪狗，占领了印度的大街小巷。USA 心惊胆战地从神牛旁边擦身而过，摆脱了小商贩喋喋不休的纠缠，终于来到了河边。千里迢迢，跋山涉水，终于到了这里，圣河。在屋顶上俯瞰到的金光闪闪的恒河，现在却……

"呜哇！好脏呀！"

污黑浑浊的河水，漂浮着数不清的垃圾和废油，简直就是一条臭水沟。虽然不是周末，这里却人头攒动，热闹得跟庙会似的。苦行僧浸在齐腰深的水里，一心不乱地祈祷。一群大叔和大妈全身涂满肥皂，洗着怎么洗都洗不干净的河水澡，老大爷用手指在嘴里来来回回地刷牙，咕噜咕噜地漱

口，然后呸的一声把水吐到河里。印、印度，真是太可怕了！

第二天，我们在被称为是瓦拉纳西名胜的交错纵横的小巷迷宫里晃荡，在叫做"旮特（Ghat）"的河畔浴场慢悠悠地散步。怪异的小商贩一个接着一个出现。摆脱掉他们的"围追堵截"后，享受了瑜伽师的按摩。USA一跳起舞来，立刻会有人群上来围观。待到斜阳西下时，坐上小船，荡起双桨，泛舟恒河。

被称为"主浴场（Main Ghat）"的地方是最热闹的广场，这里不断有普加（Puja）礼拜仪式上演。台阶上站着5名男子，举着熊熊燃烧的火灯，不停地礼拜祈祷。各种钟声和歌声不绝于耳，被廉价灯饰点缀得五颜六色的广场上人山人海，观光的游船挤满了河面。简直就是场热闹的庙会，笼罩在苍然暮色之下如梦似幻的礼拜庙会。据说瓦拉纳西每天都举行普加礼拜仪式，年复一年，日复一日，永无休止。

推舟顺流而下，不一会儿，就能看见漆黑一片的河岸上，出现了篝火那么大的点点火光。那里就是火葬场。换而言之，在这黑暗中燃起的几处熊熊烈火，都是在焚烧死人尸体的光景。这个火葬场的名字叫做玛尼卡尔尼卡（Manikarnika Ghat），意思是宝石耳环。的确，这光景也不能算是美轮美奂了。

在这座城市死去，被焚烧，化为灰烬，然后被撒入恒河水中。对于仅在印度就有超过8亿人的印度教徒而言，这算是美好至极的死法了。因此玛尼卡尔尼卡火葬场每年365日，每天24小时，焚烧尸体的熊熊火光不分昼夜，闪耀不停。小船慢慢靠近玛尼卡尔尼卡。焚烧尸体的熊熊火焰随风摇曳。USA痴痴地看着，沉默不语。

在日本，极少能看到死者的尸体。遗体一般都收殓入棺。火葬场焚烧间也是大门紧闭，尸体都是在密室里火化的。然而在印度，死亡就这么暴露在光天化日之下。

这里的人有着绝对虔诚的信仰。他们向众神祈祷，祈求自己这一生或者来世能过上好日子。然后，如果遗体能在玛尼卡尔尼卡火化，那么自己就一定会有个更美好的来世。换而言之，在这里，死亡固然让人悲伤，却不是不幸，也不是可怕的事。USA终于打破了沉默。

"太震撼了！但是完全不觉得不可思议，也没有害怕或恶心的感觉。只是眼睛无法从焚烧尸体的火焰上离开。人死后，就会变成这样啊。我也一样吧？我又重新认识，不对，我感觉自己有生以来，第一次真切地理解了这个道理。"

……嗯，印度真是深不可测。

神的使者？

对于印度教徒而言，牛是神的使者，是神圣的动物。
也不知道印度人是真的很把它们当宝贝，还是没把它们当回事，
总之流浪牛群真的遍街都是。

就算在狭窄的羊肠小巷里，
也有大块头的家伙头顶尖角
漫不经心地晃悠。

与它擦身而过时，说实话有些胆战心惊。

虽然没什么值得骄傲的，不过来印度三天，
踩粪无数，那粪量恐怕在其他地方花上一辈子也踩不够。

哞～～～

按摩大叔

漫步在恒河河畔，
忽然有位印度大叔凑上前来要跟我握手。
难不成是 EXILE 的粉丝？？
我心道这怎么可能，伸出手去。
没想到他居然说什么"按摩"，便开始擅自按摩起我的手来。
虽然有些莫名其妙，但我还是享受地赞道："舒服啊。"
说着说着，等我反应过来时，
已经趴在路边，接受全身按摩了。
按摩完毕，对方很认真地跟我要钱。
"是你自己主动来给我按摩的好不好？！"
心里虽这么想，但按摩后感觉还不错，无奈之下，付了 50 卢比给他。

第二天，又有一位按摩大叔凑到我跟前，
还是跟昨天那位一样，要跟我握手。
这次我反客为主，主动开始给大叔按起肩膀来。
按摩反击战！

大叔被我的举动吓了一跳，
不过看起来似乎被我伺候得很舒服。
一通乱按之后，我也嘟囔着"给钱，给钱"，
只见那大叔笑逐颜开，笑得脸都皱到一起了。

苦行僧

嫌东西不足？
嫌票子不够？
需要的时候，
需要的那份，
神都会给我们的。

除此之外
还有什么可奢求的？

冥想

印度也是瑜伽的发源地，
静坐冥想的人比比皆是。

冥想……
意思是放空心灵，达到无心境界，重新设定内心?

我一心不乱舞动全身的时候，
内心就能进入虚无状态，身体变得轻盈而自由。

一曲舞毕，重新设定好的内心，犹如明镜，一尘不染。
不是只有一动不动的静坐才叫冥想，
像这样舞动全身，或许也是一种冥想。

玛尼卡尔尼卡

浮世若梦，人生物语总有演完的一天。

活着的时候啊，
可以强颜欢笑，
可以信口开河，可以蒙骗敷衍，
可大限一至，肉身泯灭的瞬间，
剩下的，就只有赤条条的灵魂。

假若一生中说过所有妄言诳语都随之显露无遗的话，
那么，最清楚自己是该上天堂还是下地狱的，
恐怕就是我们自己吧？
"绝不要对自己的灵魂说谎。"
眼前熊熊燃烧，逐渐化为缕缕青烟的死者有力地诉说着，

翌日，向恒河对岸的村庄进发。这里与瓦拉纳西喧嚣拥挤的街道不同，没有前来的游客，是悠闲恬静的乡下。到达"玛莎贝比学校"时，大约有30个孩子正在上数学课。

"Namaste！"

"Hello！"

"こんにちは！"

大家精神饱满地打着招呼。日本员工和志愿者们平息了教室里的骚动，为了不妨碍同学们学习，我们被带到二楼的招待所。然后下午，USA 的特别一课开始！

放上 CD，USA 伴随着音乐，翩翩起舞。孩子们则紧张地看着眼前的舞者。但是在老师的鼓励下，孩子们一个接着一个站起身来，学着 USA 的舞姿，身体跟着摇摆起来。机器人舞、硬波浪舞、太空步，USA 每次表演新的动作，都激起一片欢声喝彩。最终大家围成了一个大大的圈，跳动着，欢笑着，将教室填得满满的。

一旦跳起舞来，就停不下来了。最后，USA 让 10 名高年级的孩子排成一列，让他们一个接一个错时转动腰部，教他们跳《Choo Choo TRAIN》的圈圈舞。"这是作业啊。在我回日本之前，大家要好好练习啊。"下课。

我们在大汗淋漓的孩子们的目送下，踏上了归途。到了恒河河畔，USA 忽然止步不前了。这边的恒河与瓦拉纳西的相比，水还算干净，一群小孩在水中嬉戏玩闹。缓缓西沉的太阳，把河水染成了淡淡的金黄色。呆呆地望着远方的 USA，忽然行动了起来。

他慢慢地脱掉休闲鞋和袜子，褪去 T 恤，摘掉帽子，然后干脆脱下裤子，往地上一扔，最后只剩一条四角内裤！就这么哗啦哗啦地往河里

奔去！等跑到齐腰深的水域后，他一个猛子就扎进了水里！跟他一起环游世界的摄影组员，无不目瞪口呆。却不料 USA 上岸后，神清气爽地说道："实在太爽了！虽然河底有点滑腻，感觉有点恶心。不过水的温度正好。呜哇，风吹得好舒服呀。对呀，这里不是大海，所以没有潮气，不会有黏糊糊的感觉。"

USA 穿好衣服，坐在地面上说道：

"来到这里，我最初的想法是'呜哇，这里怎么这么乱啊，开玩笑吧！'又脏又臭，到处都是噪音，吵得人心烦意乱的。不管是人，还是交通，还是别的东西，全都乱七八糟的。走到哪儿都有小商贩缠着你不放，叫你买这买那的。但是待了几天后，到河边散散步，看着人被烧掉，在各种各样的地方跳跳舞。不知不觉间，慢慢地习惯了这里的生活，反而觉得待着真舒服。

这里所有人都很穷。基本上没有人像我们日本人那样，每天都被时间追着赶着过日子。一家 5 口人挤在小小的房间里生活，但是他们一点都没有不幸的感觉。学校的孩子们是那么的精神抖擞！日本人绝对没有他们那股冲劲。他们都无牵无挂的样子，不对，看起来似乎没有一点犹豫和迷茫。他们似乎觉得这一辈子就这样了，完全释然、毫不在乎的样子。

这里的人，并不拥有太多的财物。种姓制度根深蒂固，孩子们基本上都是继承父辈的衣钵，也不会大谈未来的梦想。我们日本人，谁都拥有很多东西，谁都有自己的梦想。但是我觉得我们这样，真就比他们幸福吗？手无寸金却很自由，拥有太多反而不自由。我不由自主地会去想这些问题，可是却没有想出答案。在恒河里沐浴一下，哎呀呀，真是完全释然了！"

　　两天之后，我们收拾好行李，再次前往那所学校。"USA！"孩子们蹦蹦跳跳地跑了过来。今天是玛莎贝比学校举办的欢送派对。一些好奇过来围观的村民，也领到了食物和饮料。USA 把在日本制作的原创 T 恤作为礼物送给孩子们，孩子们都欢喜不已。音乐从设置好的音响中传出，大家像炸了锅似的，纷纷跳起舞来。孩子们拉着 USA 的手，小小的运动场变成了舞台。孩子们的圈圈舞跳得也有模有样。他们一直舞个不停。这股热情让 USA 也敬佩不已。"弄不好印度的小孩是全世界最喜欢跳舞的小孩。没有压力，大概说的就是这种状态吧？那种深不见底的热情，真是后生可畏啊。"汗流浃背的 USA 也毫不示弱，跟他们拼了起来。就算 USA 大叫暂停休息，逃到长椅去避难，也立刻会有小孩过来牵着他的手，拉他起来跳舞，一点休息的时间都不给他。夕阳西下，暮色笼罩校园。身旁建筑物的屋顶响起了爆炸声，"咚"的一声，美丽的烟花飞上了夜空。

　　一个接一个升空的烟花，让人为之动容。燃烧后的残灰和火花就在眼前落下，也让人有些心惊。印度，真是太可怕了！

　　我们住进二楼的招待所，迎来了最后一天。在孩子们的目送下，USA 坐上三轮摩托车，往机场进发。好几个孩子抓住 USA 的手，不想放开。虽然语言不同，却有一条纽带连接在他们和 USA 之间。

　　"大家，拜拜。"USA 道别。

　　"No！ Kal milenge."孩子们说。

　　Kal milenge（Kal= 明天，milenge= 再见），是印地语中的寒暄用语。对不起，明天就见不到了。原本那么讨厌的印度，在 USA 的心中，渐渐变成了"以后一定会再来"的地方。他在全球有越来越多的"还会再来的地方"和"后会有期的朋友"。这就是而且正是旅途的无上乐趣所在。

　　瓦拉纳西这座城市，让你看到了生的一面，也给你真实地展现了死的一面。这里生活着一群贫穷并快乐着的人，全世界最喜欢跳舞的孩子们。

　　Phir Milenge. 朋友们，后会有期！

玛莎贝比学校（Mother Baby Shool）

双亲遗弃，家庭贫困。由于这些原因
无法上学的孩子们，终于有了不用交学费的学校。

我在那里教过大家跳舞。

本想在短暂的旅途中留下点什么，还特意准备了些动作教他们跳，
然而，他们可以说是完全不会跳……

无论是踩着音乐节拍，向左右踏出舞步，
还是《Choo Choo TRAIN》里的圈圈舞，
不论跳哪一种舞，大家都跳得乱七八糟的。

很久没有这种头大的无力感了。

不过，自由活动时间，一放音乐，
孩子们却像发狂似的，手舞足蹈个不停，
而且完全是自创舞风。

日本有很多小孩都去舞蹈学校学习，
老师教的动作他们都会跳，可一说到"来段自由舞！"
很多孩子就不知所措了。
印度的情况正好相反。

他们不知疲惫，舞个不停，
看着他们欢快地跳舞，眼里闪耀着神采奕奕的光芒。
他们眼中没有一丝迷惘，直率天真得令人惊讶，从他们的舞姿中，
我感受到了一股强大的能量。

我们可以自由地描绘梦想，却因此而感到不安。
而他们不仅从未想过做梦，也没有一丝迷惘。

享受"当下"、
活在"当下"的能量，巨大而惊人。
来教他们跳舞的意义何在？我也曾考虑良多。
可是当看到跳舞的孩子们发自内心的快乐时，
我心想这就挺好的了。
无论你身在何处，也不管你所做为何，
让我们一起尽情享受人生吧。

仅此足矣。
仅此妙哉。

天空没有壁垒阻隔……

可我们的空间为何如此狭窄？
　　　　　　为何如此肮脏？
　　　　　　为何如此难闻？
　　　　　　为何如此喧嚣？

羡慕飞鸟能在天空自由翱翔，
可怜自己如卑微的蝼蚁一样苟且偷生。

我想要一双翅膀……

但是很不可思议呀！

当我跟你手牵着手
跳起舞来的时候，
我竟然觉得，幸亏没有翅膀。

破坏之神湿婆的恶作剧

一直以来，习以为常的
常识和知识噼里啪啦地破碎掉了。

有谁能告诉我真相是什么，
谁能够来跟我说句实话。

即使你为这种事情唉声叹气，
神灵也什么都不会告诉你。

人世中，充斥着各种的不靠谱。

人们在这里个个都任性本色地活着。
不知为什么，想到这里，肩头重负忽然没了，神清气爽。

我在自己心里打开了新的开关，或者说是下定了决心。

老是被人牵着鼻子走，铁打的身体也吃不消啊。
相信自己，胸怀坚定的信念，
挺起胸，迎着风，
走自己的路，让别人去说吧。

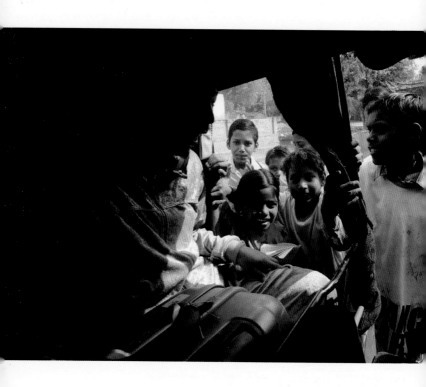

Phir Milenge ～后会有期～

最后一天，孩子们和老师给我们开了个欢送会。
孩子们还说有东西给我看，
说罢便开始表演起我教给他们的动作来。

他们在那么短的时间内，拼命练习，
把原本那么杂乱不齐的舞姿练得有模有样的，
真把我高兴坏了，差点没忍住哭了出来。

然后他们每个人都写了一封信，读给我们听。
这些从未描绘过梦想的孩子，绞尽脑汁去思索，
与我们分享了自己的梦想。

想当学校老师，想当警察，第二是想当舞者……
"排第二啊！！"
直到最后，我们还跳个不停，跳得连分别的时间都忘了。

到了离别的时刻，孩子们也喊着"USA!! No!!"紧紧抓住我的手
不愿放开。这些小家伙呀……
居然还不害臊地跟我说："I ove you."
我也必须放下身段，更加没脸没皮地表达爱意才行。

我明明是来当老师的，
却从你们这些小家伙身上学到了很多很多。

我原本想着再也不踏入这座城市，
可不知不觉间，这里却变成了"一定要回来"的地方。

谢谢，还有，后会有期。

DANCE
EARTH
BEAT TRIP

TRIP 6
JAMAICA
MARCH 2010

TRIP 6 Jamaica 牙买加
March 2010

加勒比海岛上的拉斯特精神

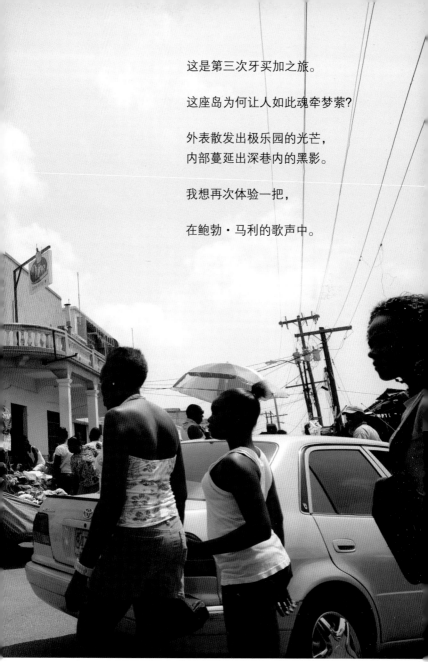

这是第三次牙买加之旅。

这座岛为何让人如此魂牵梦萦?

外表散发出极乐园的光芒,
内部蔓延出深巷内的黑影。

我想再次体验一把,

在鲍勃·马利的歌声中。

听不到鲍勃·马利

USA 第一次牙买加之旅，已经是大约 5 年前的事了。

泡在以海滩度假村闻名的蒙坦戈贝（Montego Bay），每日与喜爱的大海和雷鬼音乐为伍，让 USA 完全爱上了这座海岛。虽说"舞动地球·节拍之旅"让 USA 认识了伊比萨岛，而这座海岛取代了牙买加，成为 USA 心中的"最佳海岛度假胜地"。但牙买加仍是 USA 热爱的岛屿。

于是，USA 踏上了他的第三次牙买加之旅。

牙买加是一个岛国，位于加勒比海大安德烈斯群岛。隔着开曼海峡，与北面的古巴和开曼群岛遥遥相望，东面隔着牙买加海峡，与海地和多美尼加共和国相邻。最早，原住民阿拉瓦印第安人称该岛为"Xaymaca（扎伊马加）"，意思是"树木与水之大地"。而后这里成为西班牙殖民地时，殖民者用西班牙语相称，谓之"Jamaica（哈买加）"。成为英国殖民地后，英国人使用英语发音，开始称这里为"牙买加"。

1494 年哥伦布发现了这里。1509 年这里成为西班牙的领地。西班牙人在这里大规模经营甘蔗园，并使用本地劳工。在西班牙人的压榨下，原住民数量锐减。为了弥补劳动力的不足，西班牙人从西非运来了黑人奴隶，之后原住民灭绝。

1670 年，牙买加成为英国的领地后，黑人奴隶掀起了长期的反抗运动。1865 年，爆发了大规模的黑人反抗运动，反对英国人的统治。1938 年，牙买加劳动党成立。1959 年，牙买加从英国那里获得自治权。1962 年，牙买加独立，成为英联邦国家。邻国古巴靠着白人切·格瓦拉和菲德尔·卡斯特罗之手，获得独立，建立了社会主义国家。而与此相比，牙买加则靠

黑人的努力，建立了君主立宪制国家，直至现在。

一说到牙买加，大家脑子里浮现出的关键词，无一不是"雷鬼音乐"、"鲍勃·马利"、"拉斯特"。我们先来学习一下这些内容吧。

拉斯特，即拉斯特法里教是于 20 世纪 30 年代，以为贫苦生活而挣扎的牙买加劳动者和农民为中心形成的宗教。该宗教将埃塞俄比亚帝国最后的皇帝海尔·塞拉西一世解释为圣经旧约中的唯一神。拉斯特这一名称，便是来自海尔·塞拉西登基前的旧名拉斯·塔法里·马康纳。

他们将圣经旧约时代被囚于巴比伦的犹太人，与自己奴隶贸易时代从非洲贩卖到牙买加的祖先相联系，将自己生活的牙买加视作"巴比伦（地狱）"，把埃塞俄比亚（非洲）视为"锡安（约定之地，即天堂）"。他们将白人至上主义、资本主义的压榨制度、部分有权者和幕后人独占财富的体制，称为"巴比伦制度"，认为黑人是古代以色列人的化身，他们要推翻这种制度，成功回归埃塞俄比亚（非洲），然后迎接新世界的到来。拉斯特法里运动便是这样一种具有宗教性质的运动。

他们食用被称为"爱塔尔食物（Ital Food）"的自然蔬菜食物。圣经旧约中规定不能用刀具伤害自己的身体，于是便从这一规定中，衍生出了脏辫（Dread Locks，dread：恐怖的，locks：一撮一撮的辫子）的发型。他们以大麻叶为圣物。这些拉斯特法里教现在为人熟知的风格，便是在1934 年拉斯特法里教徒们的避难生活中形成的。这一年，拉斯特法里运动如火如荼，感到危机四伏的当地政府，开始对这一运动进行镇压。为了躲避政府的打压，拉斯特法里教徒躲进了大山深处。他们定居于深山抱团取暖，开始了共同生活。顺便一提，牙买加的多数派宗教是基督教，现在拉斯特法里教教徒大约占国民的 5% ～ 10%。

另一方面，一说到牙买加的音乐，直到 20 世纪 60 年代中期为止，都是以深受爵士乐和 R&B 影响的 Ska 和 Rock Steady 音乐为主。1966 年海尔·塞拉西到访牙买加。这一事件促使一种以音乐形式传播拉斯特思想与信息的手段——雷鬼音乐诞生。拉斯特的音乐家和歌手，用一种独特的旋律，用歌声传递各种信息，因此获得了巨大的支持。而说到其代表人物，则非鲍勃·马利莫属。

鲍勃·马利原名罗伯特·内斯塔·马利。1945 年 2 月 6 日出生在牙买加北岸的山村——九里村（Nine Mile）。他的父亲是白人英国陆军上尉，

母亲是牙买加黑人女性。父亲在鲍勃·马利出生后没多久，便行踪不明。因为是混血儿，所以他受到了来自白人社会和黑人社会的排斥。少年时期的鲍勃·马利尝尽了孤独的滋味。这后来成为他不断诉求"超越肤色界限，作为同样的人类而活"的动机。

他12岁时，跟随相依为命的母亲，搬到了金斯顿的贫民区"特伦奇镇（Trench Town）"。在这里，他开始认识了音乐，认识了皮特·托西（Peter·Tosh）和巴尼·维拉（Bunny·Wailer）。19岁时，他成为一名拉斯特法里教教徒。他一面不间断地从事音乐活动，一面干着焊接工的工作糊口。后来他邂逅了恋人丽塔，并于21岁时与丽塔结为伉俪。这时牙买加陷入了政局不稳的混乱局面，右派和左派的政治斗争，发展成为各自支持者之间的武力冲突。许多人因此被杀害，不断加深的仇恨生出更多的矛盾和冲突。金斯顿沦为了悲惨的暴力与无序的城市。

1973年鲍勃·马利发布第一张出道大碟《Catch A Fire》，成为他首部轰动世界之作。与此同时，牙买加的民俗音乐雷鬼音乐，也随之在全球变得家喻户晓。1976年，他参加了政治运动，因此卷入了两大政党之争。他遭到枪击，身负重伤，不得不逃亡到英国。1978年鲍勃·马利回到牙买加，举办了"One Love Peace Concert"。牙买加两大政党党魁也亲临现场。鲍勃·马利让两人走上舞台，握手言和。1981年5月11日，他脑部发现恶性肿瘤，在美国佛罗里达州的一所医院中，与世长辞。享年36岁。同月21日，牙买加在金斯顿为他举行了国葬。

他的音乐与思想以拉斯特法里教为背景，用歌声表达逃离巴比伦的心愿。在他的影响下，20世纪70年代拉斯特法里教传遍世界。据说现存于全球的拉斯特法里运动实践者有100万人之多。

然而，要说到牙买加的现实状况……以首都金斯顿为中心，暴力团体之间的枪战、偷窃事件频频上演。这里的治安之乱，在世界也是名列前茅的。鲍勃·马利歌声中的约定之地，呜呼，"锡安山"还远在天边……

Where is the LOVE?

贫困的叹息，
暴力的痛楚。

抗争的枪声，
看不见的锁链禁锢了自由。

大国统治从未改变。
爱到底在哪里……

深巷中的战士

巴比伦在蔓延。

深巷中的战士揭竿而起，
用自由之歌当做武器，
抚慰并振奋人心，
让人们团结一致。

那些家伙害怕
　　　　我们拧成一股绳。
那些家伙想要
　　　　占尽所有财富。

快了，马上就要到了。
再一次，我们再一次齐声歌唱
自由之歌。

锡安就在前方。

TRIP 6
JAMAICA 牙买加 II
March 2010
text by Shin Ikeda

　　一直在机场等待 USA 到达的图谷朗（音），是一位在金斯顿贫民区长大的摄像师。他的工作是拍摄牙买加的音乐世界，剪辑并制作成DVD。因此如果要找向导，带我们见识牙买加的地下夜晚，这名男子便是不二的人选。

　　金斯顿的舞蹈盛会，基本是在凌晨零点左右开始。一般在深夜二三点到达高潮。不过，别的先不管了，首先还是入住酒店，休整一下再说。图谷朗说："我确认好活动，再来接你们。"便离开了酒店。

　　然而，我们左等右等，都不见他来。打电话过去，也不接。给他留了信息，也没有回。都过了凌晨 1 点了，也全然没有音讯。USA 心想："居然玩起失踪了。"垂头丧气地坐回床上。做事随性，不太靠谱，这是牙买加人的特点。再生气也没有用。

　　果不其然，第二天午饭前，电话响了。"哥们儿，今天打算干啥？"

　　"喂，大哥，先别说这个。你昨天玩的是什么把戏？我们一直在等你来呢。"他听了说道："昨晚没啥好玩的表演。所以我就睡了啊。"听声音一点愧疚感都没有。呼，没办法，只能说这就是牙买加范儿。

　　吃完饭后，去街上晃荡晃荡，回到酒店打发打发时间，终于盼到了太阳落山。我们再次走上了牙买加街头。今天似乎有电视节目的公开直播。现场的公园里搭起了一个巨大的舞台，聚集了很多人。没过多久，表演便开始了。

　　在主持人熟练的介绍下，表演者一个接一个粉墨登场。舞者、喜剧演员、歌手。虽然没有一个是熟悉的面孔，但却都是专业高手。我们看了 2小时左右的表演，吃完晚饭，便坐着图谷朗的车出发。车在一个昏暗的小巷里停住了。一开车门，便听见远处传来了地鸣一样的声响。

　　顺着声音传来的方向走去，那里是一个住宅区的广场。广场周围还并列着几栋 4 层高的公寓楼。那里设置了牙买加有名的音响系统，垒在一起的扬声器，发出震耳欲聋的声音。

　　"哇，真的假的啊！居然在这种地方放这么劲爆的音乐，站到扬声器前，都能感到身体在震动。这里的住户就没有一点意见吗？在日本是绝不可能的。果然牙买加就是牛啊！"USA 莫名地佩服不已。

　　一过凌晨零点，人们开始三三两两地聚集了起来，居然还摆起了卖大

麻烟的小摊（！）。广场变成了临时的舞池，没有灯光，一片黑暗。这里那里开始有人跳起了舞，是 Dancehall 雷鬼舞。强劲的节拍，似乎能让整个小区都在颤动。据说在金斯顿，每天都会有地方举办这样的活动。

原本有些胆怯的 USA（这是肯定的呀。参与者自然全是黑人，完全没有游客的身影。这就是个当地人的派对。这种地方，如果没有图谷朗的带领，是肯定来不了的）似乎抵挡不住劲爆音乐的诱惑，终于跳起了舞来。

一旦跳起舞，就再也停不下来了。"这家伙是谁呀？"一群牙买加人远远地围观着，渐渐地，他们也忍不住，一起跳了起来。翩翩起舞的男子，扭动着柔软腰身的女子。2 个小时一转眼就过去了。USA 一直跳到汗流浃背，才离开了广场。

第二天清晨，我们租了一辆车，去环岛兜风。我们的目的地内格里尔（Negril）在岛的西端，横跨牙买加的威斯特摩兰区和汉诺威区，是一片广阔的海滩度假村。驱车 5 小时左右，我们来到了图谷朗推荐的下榻之处，一个非常舒服的小旅馆。这里与金斯顿截然不同，沉浸在一片宁静与祥和之中。

沙滩漫步后，在海岸沿岸的一家小餐厅吃完晚饭。一口干下一杯纯朗姆酒后，感觉连心都要融化了。渐渐沉入加勒比海的夕阳染红了天空。在日本，我们过着让人头晕目眩的忙乱生活。而在这里，时间之河仿佛停止了流淌。

住宅区的 Dancehall 雷鬼舞

对于牙买加人而言，音乐和舞蹈缺一不可。
我们说的"今天去泡夜店吧"，到了他们嘴里，就变成了"今天去跳舞吧"。

跳舞是大前提。

跳舞在他们看来是习以为常的事情，所以哪里都可以是他们的舞池。

绝色美景一览无遗的山丘上，延伸到海里的舞台上，热带雨林中……

但是最让我吃惊的，还是住宅区里的 Dancehall 雷鬼舞。

因为是移动式的音响系统，所以我知道哪里都可以变成舞池，
只是发出那种劲爆音乐，居然没有人来投诉，还真是奇迹。

因为从那个巨无霸似的音响系统
爆发出的音风，让谁都无法靠近。

高音的一招直拳
加上低音的一招重击上体，
任谁都没法呆站在那里，
震得你脑花乱颤，只能跳舞。

总觉得跟这三个人很亲。
这是为什么呢？（笑）

MADE IN JAMAICA, MADE IN JAPAN.

离开金斯顿，驱车在乡下奔走，
看到的是许多和日本一样的旱田和牧场。

但是，市场上流通的几乎都是美国产的东西。
听说是因为以超便宜的价格大量进口的，所以大酒店和餐厅
都买美国产的东西。

这样的话，牙买加的农民就不好过了。

日本和牙买加都有丰富的自然资源。

应该更加热爱这片土地的产物。
应该提高自己国家的自给率才行。

我也要做些力所能及的。

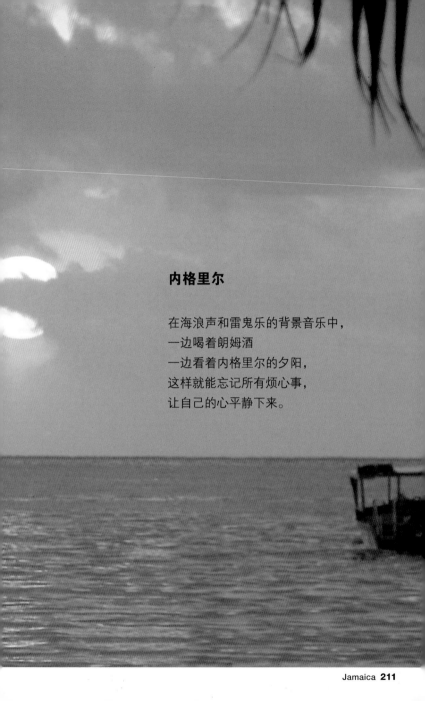

内格里尔

在海浪声和雷鬼乐的背景音乐中，
一边喝着朗姆酒
一边看着内格里尔的夕阳，
这样就能忘记所有烦心事，
让自己的心平静下来。

TRIP 6
JAMAICA 牙买加Ⅲ
March 2010
text by Shin Ikeda

第二天，目的地是九里村。这里是鲍勃·马利的故乡，他出生长大的家作为博物馆保存了下来。

一个很小很小的简陋棚屋，里面有一张单人床。屋内的气氛，让人脑子里不由浮现出少年鲍勃笑着打招呼"呀漫（你好）"的样子。有块岩石，据说少年鲍勃常爱坐在上面。USA 头枕着这块岩石，嘴里哼起了《Redemption Song》。

曾经，侵略者们用武力，将我卖给了奴隶商人。但是我的手长得很有力量。手上有无限的力量。所以我们要意气昂扬地在这个时代生存下去。我们一起来唱自由之歌吧。对，我一直唱到现在的歌曲，全都是救济之歌。自由之歌……

这里还有一个巨大的大理石棺，鲍勃遗体就在此长眠。鲍勃·马利虽然不在人世了，但是他的歌却超越了时代，被人传唱，指引着全世界的人，走向觉醒。

出了博物馆后，几个男人走过来打招呼。其中有一个人似乎还记得几年前曾经到访过这里的 USA。一个雷鬼头的中年男人清唱起了鲍勃·马利的歌。《I Shot The Sheriff》、《One Love》、《Exodus》，USA 也一起跟着唱，踏着舞步，漫步在九里村的田间小道上。

当天，我们住在奥奇里奥斯 (Ocho Rios)。第二天回到金斯顿，已经是下午。我们住在便宜的汽车旅馆里，等到深夜零点，再出去参加舞蹈活动。

这一天的会场在废墟似的高楼群中的一角。与上次的住宅区不同，这里禁止带照相机进去。一走近会场，一股紧张的气氛扑面而来。进入会场后，里面盛况空前，男男女女，人山人海，大概有几百号人的样子，连在其中穿行都很困难。音响系统发出的劲爆音乐，让空气都为之颤抖，人们随着节拍，激烈地摆动着身体。面对这惊人的迫力，USA 哑口无言。DJ 将细碎的曲段整合成劲爆的 Dancehall 音乐，波涛汹涌的气势，扑面而来。好可怕的迫力！这就是现在进行时的金斯顿雷鬼音乐。

5 天的牙买加之旅，只有在九里村的田间小道，听到过鲍勃·马利的歌。零星分布在城市中的德士古（Texaco）加油站，海外资本修建的巨大购物中心。在金斯顿的城里兜风，让人有种置身于加利福尼亚的感觉。遥远的过去，从非洲被运到这里的黑人们将这座岛变成了自己的国家，可如

今却在白人社会的统治之下。在金斯顿遇到了一些艺人和舞者。他们像美国说唱歌手一样，松垮地穿着低腰牛仔裤。对他们而言，也许鲍勃·马利的"根源雷鬼"如今早已成为"古典乐"了吧。

生活在贫民区的穷人，每天的生活耗费了他们的所有精力。舍弃巴比伦，回到锡安的梦想，恐怕早已不存在了。就在 USA 待在这里的短短几天内，就看到了艺人在暴力团体之间的械斗中被枪杀的新闻，占据了报纸的一整面。

要么成为黑社会，要么当音乐家。年轻人想要出人头地，就只有这两条路可走。这就是牙买加的现实。在这现实面前，鲍勃·马利的歌声是否已变得苍白无力了？

USA 挤在阳光无比又最爱跳舞的、土生土长的"老牙买加"们中间，这种想法在他脑海里翻腾不息。

可是，即便如此，他们也过着自己的日子。为了在这个毫无乐趣可言的世上生存下去，有幸找到工作的人勤勤恳恳地工作，有的人走上犯罪道路，有的人成为艺人，把自己的身体埋在音响系统夜夜迸发的劲爆音乐的节拍中。对牙买加的年轻人而言，舞蹈是把自己从巴比伦的地狱中解救出来的手段。

我们日本人，谁都能去学校上学，谁都能自由地描绘梦想蓝图。太过优越的环境，容易让我们忘记一个事实：生为日本人的我们，其实生活在一个甜美如蜜的幸福世界里。旅途中的世界，无时无刻在提醒我们这个事实。

Get up. Stand up. 起来，站起来，为了我们自己的权利。起来，站起来，不要放弃这场战役……鲍勃·马利虽然已不在人世，但是他的呐喊声中的和平、爱和团结，仍然活在牙买加人的内心深处。USA 对此深信不疑。

首次到访鲍勃·马利长眠之处，九里村的故居。

一路上，山道曲折坎坷，牙买加人车开得很野，让我吃了不少苦头，
但是到达目的地的瞬间，忽然神清气爽，心情也变得平静安详。

枕在鲍勃曾经使用的石头上，仰望着天空。
旅行的疲惫一点点消失，心情平静下来，
让我想在那里多待几个小时。

鲍勃曾经一定在这里温柔地吟唱着歌吧？

只要不堵上心灵的耳朵，
鲍勃·马利就永远都萦绕在你身边。

再访九里村。

雷鬼头的大叔
还记得我。
我们一起走着，
他一直为我唱着《EXODUS》。

半路上，一位路过的少年加入了我们，
山道上，我们边舞边走。

在我的心中，
我感到那奄奄一息的火苗
再次熊熊燃烧起来。

我们走吧！
坚持到最后！
到能听到自由之歌的地方去。

呀漫！！

"牙买加（Jamaica）和日本（Japan），共享一个 Ja。"

JAH！！
RASTAFARI.

致敬！！

The lucky wind.

"运气"这种东西，不知怎么的，似乎总喜欢风驰电掣地从后方而来，又从身边擦肩而去。

听了这样的话，又想到运气还是看不见的，实在让人每天都惴惴不安。因为能不能抓住它，人生的轨迹将有很大的不同。

嘴里嘟哝着"运气好"或者"运气不好"的，身体却傻傻站着，一动不动，肯定什么都不会发生，也肯定抓不住从身边急速刮过的"幸运"之风吧。

所谓"运气好的人"，正是因为他们竭尽全力，努力调动五感、六感，奋力助跑，所以一旦时机成熟，他们就能趁着风势，扶摇直上。

没风也无妨，只要跑起来，举步之处，便有风生起。

它会把我们带到美好的地方。

我想乘上"幸运"之风，破浪前行。

ONE LOVE

除了跳舞，我没有别的才能。
嘲笑我也行，
看轻我也罢，
鄙视我也无妨，
现在的我，无所畏惧。

除了跳舞别无其他才能?

"爱"这个人类拥有的终极才能
我也是有的。
"爱"把我们联系在一起。

ONE LOVE ♪
ONE HEART ♪

DANCE
EARTH
BEAT TRIP

TRIP 7
CHICAGO
MARCH 2010

TRIP 7 U.S.A. Chicago 美国芝加哥
March 2010

世界最快的足下战役"芝加哥鬼步"

bea

听从心中热情之火的指引而活，
你害怕吗？

如果能够战胜这种恐惧，
你分明就可以去到美好的地方。

心中的热情之火和兴奋之情
正是为所有灵魂指明前进道路的明灯。

我从小脚下就不安分。

所以曾经踢过足球，也练过拳法。

我找到了最适合我这种人的舞蹈。

那就是只有脚部功夫的舞蹈
芝加哥鬼步，"FootworKINGz"！

挑战世界最快的足下战役。

向速度最快 FootworKINGz 的队长金·查尔斯下了战书，
经由纽约，飞往芝加哥。

TRIP 7
U.S.A. Chicago 美国芝加哥 I
March 2010
text by Shin Ikeda

未知世界舞蹈的寻找之旅，舞动地球。

说到 USA 首次为舞蹈而访问的国家，那就是美国纽约。时值 1995 年，说来也是距今 15 年前的事情了。

"不是留学那种好事啦。中学的时候，在电视上看到了 MC Honey，深受震撼。从那以后就一直在跳 Hip Hop。高中毕业后，打零工存了点钱，就飞到纽约了。和舞友 MATSU 两人一起去的。小时候跟家人一起去过夏威夷，不过靠自己攒钱去国外，这还是第一次。

我激动得心跳不已。到了 JFK 机场，下机，入境。坐上黄色出租车，把写有目的地的纸递给司机。他说了句 OK，便启动引擎出发。司机打开收音机的瞬间，传出当时超级有名的 Hip Hop DJ 的打碟音乐！毋庸置疑，窗外就是纽约！我俩嚷着'呜哇，帅呆了'，激动得连后背都在颤抖。

我和 MATSU 两人住进了一家破落旅馆。这家旅馆叫杰弗逊酒店，蟑螂也是这里的常客。我们总在房间里打开收音机，跳个不停。

不过，我们还是挺惴惴不安的。对于我们这些日本人来说，一说到纽约，我们的印象就是一下出租车就会被人缠上找茬。而且好不容易下定决心，去了趟夜店，里面一水的黑人。我们根本就不敢跳舞，费了很大精力，也只能让自己傻傻地贴在墙边站着。

试了一次又一次，还是没有勇气跳起来。漫无目的地在舞池晃荡，却一不小心踩到了不知谁的脚，结果被人抓住衣领威胁抗议。只能傻傻站着，小口小口地酌着酒。然后，一瞬间，一个想法涌上了我心头。

我当时就想，我们那么拼命地打工，到底是为了什么？喜欢得不得了的 Hip Hop 音乐在舞池里劲爆地回响，我们明明那么想来纽约夜店看看，可到了这里却这么傻傻站着，不知所措，我们到底在干什么呀？

这么一想，感觉背后有什么东西在推着自己走进了舞池。心一横，就跳了起来。随着节奏舞动起身体的瞬间，我感觉一直束缚着自己的沉重锁链一下子就松开了。跳着跳着，周围的人都投来了赞许的目光：'没想到这两个家伙跳得还不错嘛。'

我存了 30 万日元，往返机票是 12 万日元。差不多 1 个月钱就花没了。我打电话回家软磨硬泡地借了 10 万日元，又通过住在洛杉矶的朋友帮忙，才好不容易收到了钱。差不多是 1 个半月的游学。总之，经历的一切都很

开心。现在回想起来，我的舞动地球之旅可能从那时就已经开始了吧。"

2010 年。舞动地球·节拍之旅中，USA 决定前往芝加哥。购买机票，经由纽约，时隔多年，再次降落到 JFK 机场。

乘坐黄色出租车，到达之前预订好的杰弗逊酒店。这里已经加入了酒店连锁，重新盖了一栋高楼。再也看不到昔日蟑螂经常光顾的廉价旅馆的影子了。

办完入住手续，在房间里放好行李，然后去当时走过的路上逛逛。以前经常爱去的那家迪斯科舞厅已经关门了，不过大楼和入口的台阶，还保持着当年的模样。

"呜哇，超怀念唉！我以前常和 MATSU 来这里。这个台阶上，总是聚着一堆黑人，第一次去的时候，真是害怕得要命。不过，开心得我骨头都酥了呢。"

一条古老的深巷，没有往来的车辆。USA 脸上浮现出笑容，笑容里带着怀旧的味道。他踏出舞步，脚下在轻快地滑动。15 年的时间，让一个刚刚高中毕业的青涩少年，蜕变成了日本家喻户晓的顶级舞者。

在这 15 年翻天覆地的变化中，USA 唯一没有改变的，是那一颗热爱舞蹈的心。手握着打工攒下的钱和机票踏上纽约大地的 USA。拜访坦桑尼亚的马赛人、到伊维萨岛寻求终极夜店、在巴厘岛大跳众神之舞、与印度小孩嬉笑玩耍的 USA。想跳舞。想去感受更多更多不同的舞蹈。这种愿望，推动着这个叫 USA 的男子不停向前。

15 年前，那个喜欢舞蹈的少年，站在纽约的这个地方。不知道他能否想象得出 USA 现在的模样。答案是否定的。唱片大奖、金碟奖、红白歌战，这些他肯定做梦都没有想到过吧？在非洲草原的腹地与马赛族人比赛跳高的情景，他也是做梦都没想到过吧？人生究竟会变成什么样呢，真是谁也说不清楚的。正因为说不清楚，才充满了乐趣。USA 的人生如此，你的人生亦如此，无一例外，别无二致。

只是，喜欢跳舞。

于是不停地跳啊跳，于是有了许许多多的邂逅。

因为不停地跳啊跳，才能得到了幸运女神的垂青。

因为不停地跳啊跳，才能把握住了每一次机会。

USA 说："现在确实很受欢迎，但将来会变成什么样，谁也说不清楚。所以我常常心想'要保持平常心'，或是'保持自我，让自己随时都能打工去'。有时也会想这些事情想到睡不着觉。"

USA 是 EXCILE 里的舞者，但同时他也是一个叫宇佐美吉启的人，是一个普通的男人。他的话让我再次想到这点。只是，他也有一点并不平凡之处，那就是心怀一种不可压抑的想要跳舞的冲动。热爱舞蹈，这种热情成为照亮他道路的唯一光源。他在这条路上坚持不懈，勇往直前，所以才有了现在这里的这个 USA。

夜晚，出门去看心仪已久的百老汇《FELA》。第二天从拉瓜迪亚机场出发，前往芝加哥。在那里，与从东京直飞过来的舞友 TERUYA 汇合。

舞动地球·节拍之旅最后一站的舞台，芝加哥。这里有一种独特的舞蹈，叫做"芝加哥鬼步（Chicago Footwork）"。USA 在 TERUYA 的建议下，看了一部叫做《FootworKINGz》的纪录片。他被那些舞者们的表演深深地震撼到了。

芝加哥鬼步，正如其名，是一种以脚下功夫为主的舞蹈。这种舞步技巧是由 Stutter-step 的踏脚方式，加上侧踢、Breaking、踢踏舞，还有美国原住民舞蹈要素混合而成的超高速花式舞步。舞步变化速度之快，看起来就跟画面快进一样的感觉。对于喜欢舞步技巧的 USA 而言，颠覆常识的舞蹈，就在这里。

"太强了！忍不住了！我好想看现场的，好想跟他们一起跳，跟他们比比舞技！"

于是，他发了一封邮件给 FootworKINGz 的舞者金·查尔斯（King Charles），递交战书，然后来到了芝加哥。

男人之间，有种东西，叫做"战斗的浪漫"。
战斗的理由，只要有这个就足够。

战斗，肯定是不想输的。

但是，我的人生最终是如何赢的，这点更重要。

既然这样，
　　自尊心、
　　　　羞耻心都统统舍弃。

我要去挑战。
该出手时就出手。

完毕。

只有这点我敢断言，
节拍是我的指路标。

TRIP 7
U.S.A. Chicago 美国芝加哥 II
March 2010
text by Shin Ikeda

芝加哥鬼步，以底特律 Jit 舞和芝加哥 Juke 舞为原型，20 世纪 80 年代中期诞生于芝加哥。眼花缭乱的高速脚步动作、爆炸性的能量，随着电影纪录片《FootworKINGz》的上映，受到来自全球舞蹈界的瞩目。

站在芝加哥鬼步顶点的舞蹈组合，便是 FootworKINGz。队长金·查尔斯生长在贫民区集中的南片。他与同为南片出身的伙伴，反复刻苦练习，终于形成了最尖端的舞蹈风格。后来被选为麦当娜巡回演出的御用舞者。金·查尔斯，便是 USA 下战书的对象。

两人的首次交流，是在查尔斯家附近，一家查尔斯常去的家庭餐厅"艾霍普"。午饭时间，拥挤嘈杂的餐厅深处，查尔斯一个人坐在餐桌旁。USA 走上前去。查尔斯"Hi！"的一声，握手招呼，脸上浮现出阳光的微笑。这位芝加哥南片的舞者，还残留着一些少年的面影，而且出人意料地是个貌不惊人的小伙子。

"午饭吃什么？我肚子扁了，我要点个金·查尔斯特别套餐。我还是小屁孩的时候，就常来这里吃。所以这里有我的特别套餐。"

"Me too！" USA 立刻回答道。然后，服务员端来的是巨无霸三层煎薄饼。查尔斯给煎薄饼倒上厚厚一层枫糖浆，一边吃一边说道："我老爸老妈都是音乐家。老爸是鼓手，也玩吉他。老妈是歌手，也玩放克和爵士。地·风与火（Earth, Wind & Fire），你知道吗？他们的组合跟那种差不多。不过都是我出生之前的事了。然后，我从记事的时候开始，就一直在跳舞了，15 岁时开始跳芝加哥鬼步，现在是第 9 年了。2001 年我和队友一起参加一个舞蹈大赛，赢了比赛，2005 年又第二次赢了比赛。从那时起，周围的人就开始叫我金·查尔斯了。

芝加哥分成南片、西片和北片。芝加哥鬼步在南片和西片流行。这边南片，以我们组合为首，还有特拉·斯库瓦德、比·罗斯·则罗、哈巴可、伍孚帕克、塔拉班。西片有希特·斯库瓦德、187、爱普拉斯。这么多的组合，一边斗舞，一边同心协力，让芝加哥鬼步很好地发展到现在。然后，我们从中精选了一些舞者，组成了一个组合，就是 FootworKINGz。第一代的创始成员有 187 的波比、必因斯、昆西，希特·斯库瓦德的 TJ，克里艾雄（Creation）的我、布乌·德拉、科莫，哈巴可的普林斯·捷龙。里面集结了芝加哥鬼步的舞王们，是最强的组合。

　参演了电视广告之后，FootworKINGz 又被 MTV 的芝加哥特集看上，于是便红了起来。与蜜西·艾莉特（Missy Elliott）共同演出，参与主流电视节目的演出。收到麦当娜的全球巡演邀请时，真是高兴死了。

　我现在靠跳舞为生。这很牛吧？这之前，我都觉得到了 25 岁或 28 岁，就只能放弃芝加哥鬼步，找个正经工作来干。就连我，之前也是靠老妈帮我在派派思鸡肉餐馆（Popeyes Chicken，炸鸡全美连锁店）找了份工作。于是我边在那里工作，边在街头坚持跳芝加哥鬼步。但是现在，我只靠跳舞就能混口饭吃，还有很多像我一样的家伙。像这样，日本的舞者来向我挑战。这真是很好的事呢。"

　作为同样是街头出身，后来在演艺世界谋生，甚至拥有了巨大影响力的舞者，金·查尔斯的这一席话，让 USA 产生了共鸣。

　转移阵地到金·查尔斯的家中，看看他的奖杯和视频，看了看他 15 岁获得优胜的比赛赛场——社区中心，还去了克里艾雄的成员家中拜访。约定好后天开战之后，我们离开了南片。

　USA 的下一站地，是西片的休憩中心（Recreation Center）。在那里，USA 与从芝加哥鬼步诞生时开始就一直活跃至今的组合"哈乌斯·欧玛提克（音）"的成员见了面。这些比 1986 年出生的金·查尔斯年长一辈的前辈们，讲起了芝加哥鬼步的历史。

　"以前芝加哥有一种舞蹈，叫做 Jacking，是一种男女合跳的下流舞蹈。这种舞的节奏变快了之后，就被成了芝加哥 Juke。不过这两种舞都是男女合跳的。所以，有些不想跳那种舞，就只想享受舞蹈乐趣的家伙，组成了一个团体，然后开始跳芝加哥鬼步。我们那个时候，初期的芝加哥鬼步是群舞，是好几个人组成的组合，一起跳规定好的舞步。然后慢慢地变成可以随心所欲自由发挥了，后来就有了现在一对一单挑的斗舞形式。"

　他们一边这么说着，一边打开录音机，跳起了舞来。"比起当年正红的时候，胖了太多了，体重也增加了不少呀。都跳不出以前那股范儿了。"他们苦笑着说。不过他们的舞蹈却是酷劲十足，无可挑剔。

我想跳出谁都没有见过的舞步，
让所有人都大吃一惊。

出阵前的心境

心跳速度不断加快，
要这么跳，要那么跳，
我知道脑子里想这想那，也无济于事。

在战斗开始之前
会放出什么样的音乐？
对手会出什么样的招？
会发生什么样的事？
直到跳进战场前
谁也不知道。

超过 BPM160 的节拍是啥？！
2 对 11，这怎么可能？！
观众都是本地人，完全是客场作战！！

忐忑不安！！别怕！！心惊胆战！！胆战你个头！！
可还是不停地发抖……

当然，这副怂样，肯定不会让对手看到。

千言们万语们，在我心中狂奔暴走。

然后，忽地一切都寂静下来。
总有一种心情，悠悠然地从心海的正中央，浮出水面：
 "跳舞是我的爱。"
这一瞬间，我心中只有一种心情，
比起世界上的任何事、任何人，我最爱跳舞。

我觉得，只要有这种纯粹的心态，我哪里都能去。

有了觉悟后，
剩下的，就只有放手一搏了。

TRIP 7
U.S.A. Chicago 美国芝加哥Ⅲ
March 2010
text by Shin Ikeda

指定的斗舞战场在 "Basement"，芝加哥 B-boy 常去的一家休闲精品店。据说这家店的内部有一个地下演播室，周末会举办各种各样的舞蹈活动。

USA 和 TERUYA 到了后，找到那家店。这时 FootworKINGz 的成员也陆续到达。普林斯·捷龙、TJ、玛德德克……全都是在纪录片中展现过出色表演的成员。USA 紧张的心，悬到了喉咙。

"我从以前就超喜欢斗舞。紧张情绪和集中力，耳朵听着正在播放的音乐，身体怎么用舞蹈去表达，这是胜负的关键。我觉得这是让舞技得到提升的最好方法。现在我是 EXILE 的一员，变成名人了，经常有人对我说'现在你还需要斗舞吗？'但我还是忍不住想玩斗舞。

不过说起来，我真的很紧张呢。心跳都越来越快了。有了这种激动的心跳，就能跳出好动作。在走进圈里的一刹那之前，我自己也不知道会跳出什么样的动作。因为如果被紧张情绪吞没的话，可能手脚就不听使唤了。不过，我也很有自信，一定没问题的。我现在激动得快忍不住了！"

然后，斗舞马上开始。金·查尔斯率先出阵，跳起舞来。

好快！惊人的速度，帅呆的舞步。他在舞者们围成的圈中央自由舞动，时不时地对 USA 和 TERUYA 做出挑衅的动作。于是 TERUYA 出阵迎战，跳起了激烈的舞步。接下来是普林斯·捷龙，然后是 USA。FootworKINGz 所有成员的视线，都集中在 USA 脚下。没有语言的战斗愈演愈烈。观众们也目不转睛，紧紧盯着战局的发展。USA 和 TERUYA 不知都跳了多少轮。时间转瞬即逝，音乐节奏的波浪渐渐地退去、消失。大家用握手和拥抱，相互献上祝福，斗舞结束。

"我之前以为这种舞的特点就是单纯的快，没想到技巧也很棒，有各

种各样的定型动作，没想到仅靠脚步动作，就有这么多的花样，真是很吃惊。远远超出了我的想象呀！总之，水很深呀。

当时我脑子里有好多动作都想试试的，可是拍子速度太快了，根本就跟不上。说实话，有些时候犹豫了，所以今天没有发挥出全部水平。既然是斗舞，那就有胜负。今天的斗舞，说实话，应该是完败吧。不过我也有几个动作跳得不错。跳得好的时候，我都能感觉到他们看着我的动作时是什么反应。最后是招式和体力都用尽了呀。他们在斗舞完之后，还在一直跳个不停，让我很吃惊。也让我很高兴，我是真心喜欢这些家伙呀。

胜败乃兵家常事，没什么关系。当然，比输了，还是会有不甘，不过挑战本身是有意义的。在斗舞的过程中，自己的功力会有大大的提升，所以不存在自尊心和羞耻心的问题。重要的是我有没有完全燃烧自己，发挥最好水平。因为比起一时的输赢，最重要的还是自己的人生会因此变成什么样。"

在大汗淋漓中跳完舞的 USA，露出了会心的笑容。不过最后，他说了这番话，然后笑了："这次 FootworKINGz，怎么说也是他们的主场。要是在咱们的主场比赛的话，赢的肯定是我！"

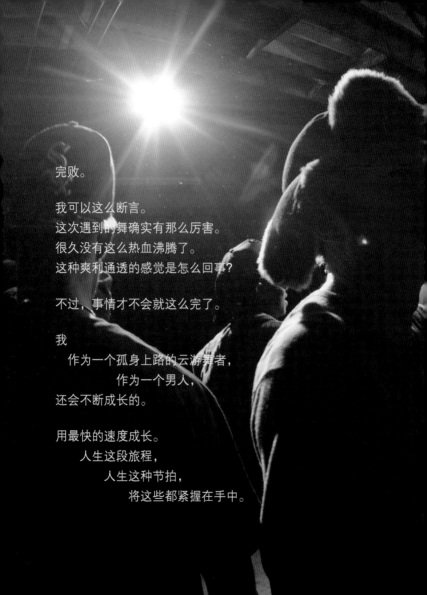

完败。

我可以这么断言。
这次遇到的舞确实有那么厉害。
很久没有这么热血沸腾了。
这种爽利通透的感觉是怎么回事?

不过,事情才不会就这么完了。

我
　　作为一个孤身上路的云游舞者,
　　　　　　　　作为一个男人,
还会不断成长的。

用最快的速度成长。
　　人生这段旅程,
　　　　人生这种节拍,
　　　　　　将这些都紧握在手中。

街舞

舞蹈组合"FootworKINGz"的队长金·查尔斯
出身于芝加哥南片的贫民区。
数年前，芝加哥还是美国治安最乱的城市。

这些南片的年轻人想要脱离贫民区，说到底，要么混黑社会，
要么靠音乐和舞蹈混出名堂，或者得变成迈克尔·乔丹那样。
除此之外，没有其他路可走。

他们从贫民区里飞上枝头，现在成为麦当娜巡回演出时的御用舞
者，与蜜西·艾莉特在演唱会中同台演出，
成为环球巡演的著名舞者。

在电影《FootworKINGz》中看到他们时，给人的感觉是
"这些家伙有些狂妄自大吧"，但实际见到本人后
却发现他们都是挺好的家伙，都是普普通通的大好青年。

他说了自己的梦想：
"我想用引领我走到现在的舞蹈来报恩。要让贫民区的孩子们不
用混黑社会，也能活下去。我想举办舞林大赛，我想创造一个光
靠跳舞也能活下去的世界。"
金·查尔斯的眼里闪着耀眼光芒。

我们要让大家看看，我们靠着这个发源于街头的最棒的游戏，
到底能走多远。
肯定有那么个地方，只能跳舞才能达到。

舞蹈

把身体交给这片土地孕育出的节奏时，语言都是多余的。

舞蹈

将生存在这颗星球上的各种肤色人种连在一起的共同语言。

舞蹈

想跟全世界的人一起共舞，仅此而已。那么，旅途的下一站又是哪儿呢？

舞动地球

是的，我们都生活在这颗舞动不停的星球！

那应该是发生在纽约或芝加哥的旅馆的事情了。闲聊之中，USA 说了这一席话。

"EXILE 取得了很大突破，又是红白歌战，又是唱片大奖，又是白金唱片的。当然是很幸福的事情。但是我心中总有个地方隐藏着不安，总觉得'现在确实很受欢迎，但将来会变成什么样，谁也说不清楚'。我还考虑着'要保持平常心'，或是'保持自我，让自己随时都能打工去'。有时候晚上都睡不着觉。"

啊哈哈哈，USA 放声大笑。

想跳舞的时候，就能一直跳着自己喜欢的舞蹈，成为代表日本的舞者，从舞台和电影，到综艺节目，不断扩展着自己的表演空间。真没想到，这样的 USA，心中也潜藏着这样的情绪。

比如在印度，几乎所有的小孩都要继承父辈的种姓（职业）。他们从不拥有梦想，也不会谈论梦想。牙买加贫民区的孩子们，如果想要获得成功，就只有两条路可以选择：成为黑社会或成为音乐家。马赛小孩的梦想，就是可以养好多好多的牛。

与此相对的，我们日本人谁都可以自由地拥有梦想。从小大人就告诉我们，梦想是很重要的。我们也认为这是理所当然的。

谁都能够追逐梦想的社会，实际上仅此一点，就已经很幸福了。行走在环球旅途中，我又再一次体会到了这点。以前是太过理所当然了，所以都忘记了。

与此同时，拥有梦想，也就意味着会因梦想破碎而忐忑不安。"所谓勇气，并不是要打倒不安。而是就算心怀不安，也要昂首向前。"

这句是创造了汤姆·索亚的作家马克·吐温的格言，我非常喜欢。就像我们从 USA 的那一席话中知道的那样，或许不论成功，还是失败，我们都没法将心中的不安连根拔除。既然如此，不如暂且将不安怀揣心中，不做停歇，一直走到尽头。除此之外，没有其他寻梦的方法。

敢于直面心中的不安，在梦想的道路上阔步向前。其原动力便是"热爱"。不就是这么单纯的理由吗？

想把爱好当工作，挣饭钱？太天真了。那些老练圆滑的大人们，想必都众口一词吧。但我可以肯定地告诉你们，做自己喜欢的事情讨生活，绝对不意味着就可以一劳永逸了。有的人把并不喜欢的事情当工作，以一种很现实的心态生活下去。与此相比，把爱好当工作，可以说是一条艰难的道路。只不过，就像快乐的时间总是转瞬即逝一样，如果是做喜欢的事情，那么就算再苦再累，也能甘之如饴。

正如舞蹈之于 USA 那样，如果真能找到喜欢的事情，让自己觉得就算耗费一生的经历，也在所不惜，那么，这就是幸福。即使不是作为一名职业舞者而获得成功，即使是在做别的工作，相信 USA 现在也仍会舞个不停吧。梦想有时候会背叛我们，但是这份热爱的心情，却永远不会抛弃我们。

让梦想的火焰烧得更旺一些吧。紧紧地凝视着自己的想法，大大方方地敞开心扉，不被媒体和网络上传播的流言蜚语左右。这具凡尘肉身带给我们的经验，才是引导我们走向未来的导师。

一路记录着 USA 的舞动地球之旅，到访的国家也超过了 10 个。

不论怎么跳，怎么舞，舞蹈都不会从我们这颗星球上消亡。所以 USA 的旅途，今后也仍将继续。

人们总说人生就像旅途。是呀，既然如此，那我们就在旅途中学习人生吧！

《旅学》总编 池田伸

池田伸 Shin Ikeda

1962 年生于长野。作家，旅行家，摩托车骑手。杂志《旅学》《HOTBIKE JAPAN》《VIRGIN HARLEY》编辑。著作有摩托车游记《在路上》（河出书房新社）、高龄工匠高桥五郎的生平传记《黄鹰》（A-Works）、和洼冢洋介同游埃及的《放浪》（NORTH VILLAGE）等。

https://www.facebook.com/shinikeda8

Epilogue by Yoshihiro Usami

1995 年，夏。
我刚高中毕业不久，便用打工攒下的钱
买了往返机票。"钱花光了，就回家。"
我做出了这个决定，飞向了纽约。

每天收集传单，寻找好玩的夜店和现场演出，
每天都往外跑，每天都是在外面度过的。

到了夜店后，发现全都是比自己个子高的黑人，
踩到了别人的脚，激怒了对方，被人抓住领子威胁。
刚开始心惊胆战，都不敢放开手脚去跳舞。

然而，忽然一瞬间，幡然醒悟："我到底是来干什么的？"
抛却一切枷锁，试着跳了起来。

于是，周围那些原本看似可怕的黑人，都面带笑容地过来搭话，
感觉是在称赞我"跳得不错呀"。

就算是陌生的地方，就算是语言不通的地方，
就算是乍一看很可怕的地方，
只要玩得起兴了，就没什么可顾虑的了。
当意识到这点后，我更加没有顾忌，跳得更欢了。

感觉超级棒，就像全身的毛孔都张开了似的。

现在回想起来，那次也许就是第一次的"DANCE EARTH"。

那个时候，18 岁的我，在做着什么梦呢……

喜欢跳舞，所以想越跳越好。
想越跳越好，所以去了纽约。

理由就这么简单。
我虽然有个模糊的梦想"要干大事"，
却压根没想过"舞者"这么具体的职业。
如果我有那脑子去思考的话，也许现在就不会在这里了。
傻人有傻福呀。（笑）

我和当时一起跳舞的 MATSU 和 MAKIDAI
现在都作为 EXILE 的一员，变成了名人，也实现了很多梦想。
真是很幸运。

能在全世界尽情跳舞也是这样。
很多那时候完全不敢想象的快乐的事情，全都发生了。

我想一定是因为，我把一个又一个瞬间都集中到"喜欢的事情"上了。
所以才能走到今天，而且现在也是这样的。

相信自己的感性，还有热情之心和兴奋之情，
今后也要勇往前进。

Beat Trip……追寻地球上最美妙节拍的旅途。

这一次也在全球一路留下了无数欢乐的足迹。
但是地球还大着呢。
"学会全世界的节奏。"
这是我的梦想，也是不断冒险、不断表达的终生事业。

旅途还没有结束呢！

可是……世界上还有那么多国家在战争和暴动的泥潭中，
想去战火连天的国家跳舞很难。

和平一天不到来，我就一天实现不了心愿。
为了和平的到来，有很多很多必须做的事情。

战争、环境、医疗、福利、人权……
乍一看，这些严重的问题跟舞蹈、歌唱，似乎毫无关系，

但是，事实又如何呢？

当我想象到和平真正到来的情景，我脑子里浮现出的
是人们与自然共荣共存，一起歌唱、跳舞、祈祷、畅饮、手牵着手、
放声欢笑的身影。

也许是绕远路，
也许是抄近道，
我不知道。

我想用"舞蹈"这个全球共通的语言
和别人心手相牵，
和地球紧密相连，
我想尝试在这条路上走下去。

LOVE & PEACE
肯定是不容易的，
但却不是办不到的，
通过每一个人力所能及的努力……

就像世界最初是一个整体，而几千年、几万年后，却变得支离破碎那样，
即使要花上几千年、几万年，我也希望世界最终会回归一个整体。
我将带着这个愿望，永远舞下去。

承认相互之间的差异，全世界的人都能一起欢歌笑舞。
如果这一天来临的话，那么这颗星球，会漫溢出更多幸福的声音吧？

宇佐美吉启／EXILE

图书在版编目（CIP）数据

舞动地球——EXILE·USA 环球采风之旅（二），Beat Trip /（日）宇佐美吉启，（日）池田伸著；周洁译 .—北京：世界图书出版公司北京公司，2013.5

ISBN 978-7-5100-6129-5

Ⅰ .①舞… Ⅱ .①宇… ②池… ③周… Ⅲ .①旅游指南—世界 Ⅳ .① K919

中国版本图书馆 CIP 数据核字（2013）第 088421 号

DANCE EARTH ～ BEAT TRIP ～

© Yoshihiro Usami 2010

Original Japanese edition published by A–Works

Chinese simplified character translation rights arranged with Sanctuary Publishing Inc. through Erudite Multiculture Co., Ltd.

Chinese simplified character translation rights © 2013 Beijing World Publishing Corporation

舞动地球 Beat Trip EXILE·USA 环球采风之旅（二）

著　者：[日] 宇佐美吉启　池田伸
译　者：周洁
责任编辑：刘小芬　安太顺

出　　版：世界图书出版公司北京公司
出版人：张跃明
出　　版：世界图书出版公司北京公司
　　　　　（地址：北京朝内大街 137 号　邮编：100010　电话：64077922）
销　　售：各地新华书店
印　　刷：北京博图彩色印刷有限公司

开　本：787mm×1092mm　1/32
印　张：8.25
字　数：260 千
版　次：2013 年 6 月第 1 版　　2013 年 6 月第 1 次印刷

ISBN 978-7-5100-6129-5　　　　　　　　　　　定价：42.00 元